《教你炒股票》系列之七

全面提升操作者交易素养

短线王国　著

地震出版社
Seismological Press

图书在版编目（CIP）数据

全面提升操作者交易素养 / 短线王国著 .—北京：地震出版社，2015.5

（教你炒股票）

ISBN 978-7-5028-4595-7

Ⅰ . ①全… Ⅱ . ①短… Ⅲ . ①股票投资—基本知识 Ⅳ . ① F830.91

中国版本图书馆 CIP 数据核字（2015）第 058031 号

地震版 XM3466

全面提升操作者交易素养

短线王国 著

责任编辑：朱 叶

责任校对：孔景宽

出版发行：地震出版社

北京市海淀区民族大学南路 9 号 邮编：100081

发行部：68423031 68467993 传真：88421706

门市部：68467991 传真：68467991

总编室：68462709 68423029 传真：68455221

证券图书事业部：68426052 68470332

http：//www.dzpress.com.cn

E-mail：zqbj68426052@163.com

经销：全国各地新华书店

印刷：三河市嵩川印刷有限公司

版（印）次：2015 年 5 月第一版 2015 年 5 月第一次印刷

开本：710 × 1000 1/16

字数：146 千字

印张：10.5

书号：ISBN 978-7-5028-4595-7/F（5288）

定价：28.00 元

前言一

从盲目炒股到理性操作

2012年班长骑行环海南岛时，返程走东线往文昌东郊椰林途中，发现前面有一位骑友，一会儿下来拿着气筒迅猛地打气，一会儿骑车猛赶，即便如此，也没有把边走边看的我甩开。在他又一次大汗淋漓地打气时，我慢悠悠地追了上来。骑到跟前问清楚是他的车胎漏气了。原以为是他没有补胎工具，于是说道："哥们儿！我有补胎工具。"他说："我有的。"有补胎工具而不补，是不会补吗？于是我又说："你休息会儿，我给你补一下吧？"

然而骑友头也不抬地打着气，挥手说道："我现在哪有休息的工夫啊？今天19点以前我必须赶到海口火车站，都快急死了，哪有时间卸掉行李，拆车补胎再打包啊？实在没时间，不跟你说了，我要赶我的路了。"

骑友的话听起来似乎有些不可理喻，你甚至会觉得，怎么会有这样愚钝可笑的人？但班长环顾周围的股友，像这位骑友一样行事的却大有人在。他们从不检查自己的操作效率，却一心埋怨自己的交易结果。此种情况下即使再努力，再苛求自己，再着急上火，也只是多做很多没效率的无用功罢了。

美国前总统林肯说："如果给我八个小时的时间来砍柴，我会将其中的六个小时用作磨斧子。"工欲善其事，必先利其器。在做操作之前，首先要明确操作目标，知道"为什么做这样的操作"。不是要盲目期许"一定要赚多少"，而是在进入正常的操作阶段之前要积蓄足够的力量。即使在进入实际操作阶段后，仍然要时时检讨自己的操作方法是否正确，留给自己反思和自查的时间。因为，如果手上的抹布原本就是脏的，无论你如何卖力气打扫，屋子都只会越擦越脏。

勤奋地操作，累得满头大汗，下了很多苦功夫，其实，这反而是一种惰性的表现，可以称得上是“勤劳的懒惰”。这种勤劳的懒惰就是跟着惯性机械地运作，懒于回过头来自省。如果没有自我省察，向着错误的目标盲目突进，南辕北辙，只是白白浪费力气。看看周围股友的现实情况，他们不足的地方往往不是操作次数少，而是少了自我的省察。如果能改善操作胜率，哪怕你一年只操作一次，最终都是获利的；如果再能提高操作效率，一月操作一次，那这一年的操作收益就要一改之前的每年亏损。改善操作胜率，提高操作效率，这是走上盈利之路并且持续稳定盈利的核心之处。

如果没有明确的操作目标、意识和科学的操作方法，一切努力都将付之东流。但很多投资者正如那位骑友一样，总是觉得“目标”和“方法”无关紧要，是不需要考虑的东西，只是专注在“实践”上，这等于用错误的方法继续去交易，结果自然是重复错误的结果，亏损并且持续亏损只能是唯一的结果。要想走上盈利之路并且持续稳定增长，必须靠明确的操作目标、科学的操作方法、扎实的实践三者来支撑，缺一不可。如果你真的想提高操作效率，真的想改变炒股命运，想从盲目炒股向理性操作改变，那么现在你慢慢静下心来，认真并反复学习本书三五遍，你将发现你已经“突破”要“涨停”了！

前言二

你在操作方面最大的问题是什么？

记得大学毕业之后的第一次同学聚会，是在毕业后的第三年，虽说只有短短的三年时间，但每个人的脸上都有了几分沧桑。

老师关切地询问每个同学的情况，结果除了个别人春风得意外，大部分都遇到了或多或少的麻烦，有的怀才不遇、有的遇人不淑、有的人际关系一团糟。看着大家一个个愤世嫉俗的模样，老师没有说什么，他拿出一盒水彩笔和一张 A4 纸交给同学们说："第一次聚会，大家用自己喜欢的颜色把名字写在上面，我留作纪念。"工夫不大，小小的 A4 纸上就写满了五颜六色的名字。就在有人准备把这张纸交给老师时，老师问："谁还能在纸上画出一朵花？"大家不解地望着老师，因为纸上写满了名字，已经没有花朵的立足之地。老师没再说什么，他在大家疑惑的目光中，接过了那张纸，把它翻转过来，在纸的背面画了一朵美丽的牡丹。大家顿时恍然大悟。

老师意味深长地对大家说："无论是谁，在生活和工作中，总会遇到或多或少的麻烦和困难，抱怨和痛恨是无济于事的，这时不妨试一下给自己的思维翻个面，有时机会就在背面呀！"

道理很简单，大家都明白，可是我们在炒股时却未必会如此，总是在操作，总是在亏损，总是在向前看，学习各种方法，尝试各种技巧。其实，你最大的问题不是操作次数少，也不是学习不够多，而是从没有回过头来看看自己的脚印，究竟错踩在了哪里。对于一个从不知道错在哪里的人，从不知道什么是对的操作者，再努力恐怕都未必会得到最有效的结果。班长的《全面提升操作者交易素养》，之所以叫"全面"，不仅仅是从走势到技术，从技术到心态；还从过去到现在，从现在到未来；让你全面洞察走势、技术、操作者三者本身的过去与未来，让你炒股感受到前所未有的明白，让你真正懂得炒股的乐趣所在，而获利只是享受这种乐趣的一种必然的附属品。

目 录

第一章

认识走势“四性”
理清走势“四问”

- 走势的“四性”
- 走势的“四问”

所有炒作，无论何种题材，无一不是围绕基本面；所有操作，无论是价值投资，还是价格投机，无一不是围绕走势。走势决定了涨跌，关系着盈亏幅度；操作决定着盈亏多少，关系着成败。

由此可见，走势是决定盈利与否和盈利多少的关键。也就是说，无论你如何拼命地学习技术，若是对走势没有一个客观的认识，在操作中不能辩证统一地看待走势，就算技术再怎么高超，结果也会大打折扣，甚至南辕北辙。

那么，我们如何才能认清走势，如何操作才能盈利？

毫无疑问，全面提升操作者的交易素养至关重要！

我们究竟该如何切入、如何提升自己的交易素养呢？我们就从本章了解走势“四性”、理清走势“四问”，找到操作者自己开始。

找到操作者自己，不是找到你以为的自己，而是通过走势找到你应该做的自己；你应该做的，也不是你觉得应该做的，而是通过走势明确你应该做的。

走势的“四性”是指现实性、可能性、偶然性和必然性。当我们把走势存在的现实性、可能性、偶然性和必然性理清之后——你能干吗？你该怎么干？真正的你要干吗？是不是适合你干？

一目了然，简单易行。

通过这些，你就找到了自己，知道该做什么、如何做了。

第一节　走势的“四性”

一、走势的现实性和可能性

走势的现实性和可能性，简要说就是当下的走势和可能的走势。可能性和现实性，是揭示走势的过去、现在和将来的相互关系的范畴，揭示走势由可能向现实转化过程的一对范畴。

①可能性是指走势包含的种种可能的发展趋势；

②现实性指已经实现了的可能性，即实际存在的事物和过程。

由于走势内部矛盾（买盘、卖盘）和外部矛盾（利多、利空）的复杂性，走势往往包含相互矛盾的几种可能性（或涨或跌或横盘），但是只有一种可能性，在内外条件兼备的情况下转化为现实（要么涨、要么跌、要么横盘），其他的可能性的走势在内外矛盾（买盘、卖盘，利多、利空）的此消彼长的斗争中没有成为现实。

二、可能性走势和现实性走势的辩证关系

①可能性走势和现实性走势是对立的：其一，可能性走势是尚未实现的现实走势；其二，现实性走势则是已经实现了的可能。

②可能性走势和现实性走势是统一的：其一，可能性走势和现实性走势相互依存，可能性走势的根据存在于现实性走势之中；现实性走势是由可能性走势发展而来的；其二，可能性走势和现实性走势在一定条件下可以相互转化：一方面，可能性走势在一定条件下可以变成现实性走势；另一方面，转化为现实性走势也意味着出现了新的可能性。

唯物辩证法还指出，在可能性转化为现实的过程中，尽管客观走势和客观条件是基础，但主观能动性（如个股主力）往往起着重要的作用。

三、走势的必然性和偶然性

偶然性走势和必然性走势是揭示客观趋势发生、发展和灭亡的不同趋势的一对范畴。

走势发展过程中一定要发生的趋势是必然性走势；走势发展过程中可能出现，也可能不出现，或可能以多种多样的方式出现的走势是偶然性走势。

四、偶然性走势和必然性走势的辩证关系

①偶然性走势和必然性走势是对立的：其一，两者地位不同，必然性居于决定地位，偶然性居于从属地位；其二，两者的根源不同，必然性是由走势内部的根本矛盾决定的，偶然性是由走势内部的非根本矛盾或外部矛盾造成的；其三，两者作用不同，必然性决定走势发展的基本方向，偶然性则使走势发展过程变得不好预料，而这诸多不确定性正是股票走势的魅力所在。

②偶然性走势和必然性走势也是统一的：其一，必然性走势不能离开偶然性走势，一切必然性走势终归要以某种偶然性走势的形式表现出来；其二，偶然性走势也不能离开必然性走势，一切偶然性走势都受必然性走势的制约，也总是以某种形式表现着相应的必然性走势；其三，必然性走势和偶然性走势在一定条件下可以相互转化，在一定条件下为必然的东西，在另外的条件下可以转化为偶然；反之亦然。

第二节　走势的“四问”

前面班长提到了走势跟操作者的关系：一切炒作围绕走势，所有操作者的操作也是围绕走势。只顾学习而不看走势的操作只能是闭门造车，出门合辙。

操作者想要了解走势的各种可能，就不能离开走势“四性”的十二个字：必然性、偶然性、现实性和可能性。

看上证指数的日线图（图 1–1）。

看上证指数走势图看什么呢？

看走势的“四性”，即必然性、偶然性、现实性和可能性。你得牢记必然中的偶然、偶然中的必然、可能中的现实、现实中的可能。

那么，图中 A 处现实性走势是什么？

A 处的现实是跌势，仍然处在跌势中，这是明摆着的现实。那么可能性是什么？可能性无非三类：涨、跌或横盘。

跌势的必然性是什么？跌势的必然是阴极而阳，也就是最终要扭转，只是何时扭转存在偶然性。但反转必然是从跌势里的一次偶然性上涨开始的。

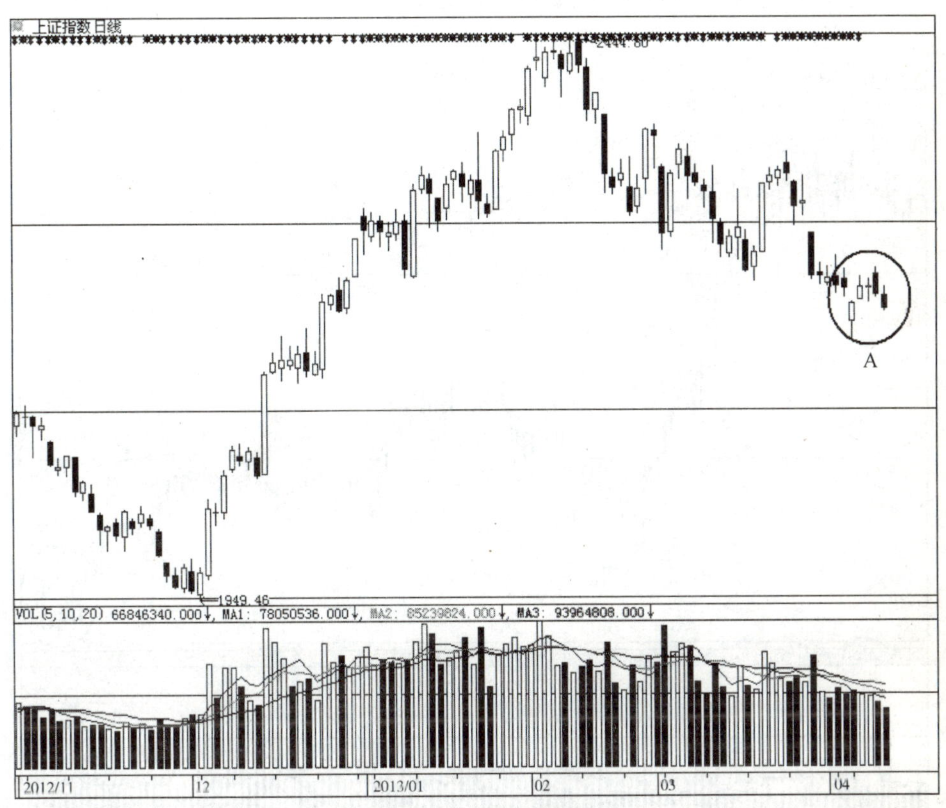

图 1–1　上证指数

走势中的现实性、可能性、偶然性和必然性，你都清楚了，能分辨了，也就能分辨真假机会了。知道走势只是可能，只是偶然，知道走势是必然，走势是现实，那么，你还会一次次做出错误的操作吗？

我们来结合一两只实例股，帮助大家理解上面这段话。

例子一：水井坊 600779

如图 1–2 水井坊所示，先看 A 处，带着“四性”十二字，顺其自然就有了以下四个问题：①A 区现实性的走势是什么？②A 区现实中的可能性是什么？③A 区必然性是什么？④A 区必然中的偶然是什么？

A 区现实是跌势，必然要从跌势到涨势。

现实中的可能性是有可能要经过无数个下跌、无数个反弹和盘整。

图 1-2　水井坊 600779

偶然性呢？从跌势必然转变为涨势的过程中是从一次偶然的上涨开始的。

也就是说，A 处买进的话，要经过多个不确定的偶然和可能才能进入涨势。而只有涨时你才能获利，也就意味着你获利存在太多太多的不确定性，那么你还买吗？这样的机会你还要吗？

我们再看 B 区。先不要看 B 区之后的走势，先甩出“四性”的四问：

B 区现实性的走势是什么？B 区现实中的可能性是什么？B 区的必然性是什么？B 区必然中的偶然性是什么？

我们得清楚四问不仅仅存在于 A、B 处，走势的每一步都存在着这“四性”。

当然，不是四问就能解决问题，四问只是第一步，只是让操作者明白当下走势存在的“四性”。如何将“四性”的四问融合在操作和走势中，再如何转化为效益，这是后面要展开的。而当下，你就是先弄清四问的逻辑关系。

水井坊是跌势股。我们再看另外一个实例。

例子二：华录百纳 300291

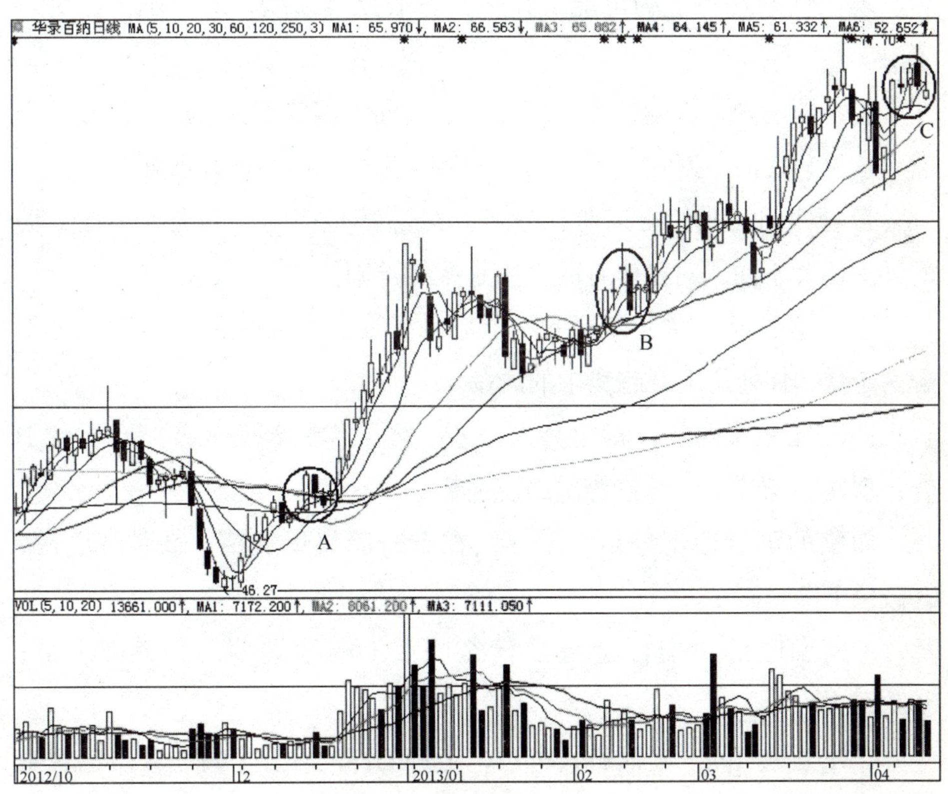

图 1-3 华录百纳 300291

如图 1–3 华录百纳所示，图中有 A、B、C 三处。首先是 A 处，A 处的四问是什么？我们逐一来看：A 处现实性走势是什么？现实的走势是震荡，震荡的可能性是什么？

震荡后的可能性不外乎三种：涨、跌、继续震荡。

肯定有人说这不废话嘛，不是涨就是跌还可能震荡，谁都懂。但你未必懂得知道这三种可能性之后的用途。接下来的两问是什么？跌势里必然性扭转中的反复反弹；跌势偶然性反弹中的必然性扭转。

这四个问题有用吗？看似无用，但是对比水井坊呢？一个是震荡里的四问，一个是跌势里的四问。

现实性的震荡里的可能是什么？一般是继续震荡，好了涨，坏了跌。

现实性的跌势里的可能是什么？一般是继续跌，好了震荡，更好了涨。

在不同的现实性走势中，同样一般，前者震荡不亏，后者是亏。当然，这里只是简单对比一下，具体如何操作是我们后面要展开的内容。

带着四问，我们再来对比 B 处。虽然都是四问，但是现实性走势所处的位置不同，对操作者的效用是截然不同的。

水井坊的现实性走势是下跌走势，华录百纳 A 处的现实性走势是震荡走势，B 处是上升趋势中的震荡。

四问还是那四问，就像套入公式一样，你试着套入四问。比如 B 处，现实性走势是上升趋势里的震荡势。

面临的可能性走势是：①继续在上升趋势里震荡；②继续上涨；③破位下跌。

A 处面临的可能性走势是什么呢？①继续震荡；②突破上涨；③跌回去。

C 处也是四问。前面班长讲过，走势的四问存在于每一处。也就是说，今后你再看走势的时候，就是要有这样的思维逻辑，即①现在走势的现实性是什么？②现在现实性走势中的可能性走势有哪些？③现实性走势的最终必然是什么？④在最终必然以前的偶然是什么？

上述四问你若能随意找到答案，你就打下了分辨真假机会的基础，提高分辨机会的可靠程度，从思维逻辑上彻底的改变了炒股的命运。随着后面章节的递进，你进而掌握到把握这些机会的方法。那么最终再看盘操作，就是涨跌不惊，坐看股起股落了。

班长答问——

问：什么叫必然？阴极而阳，阳极而阴。啥时才叫阴极，啥时才叫阳极？

答：必然性是指宏观上的，跌了涨，涨了跌，就像黑夜白天、白天黑夜的循环，阳极阴，阴极阳也是这个意思。阴极就是阴到了极限，再也跌不动了，即不再创新低；阳极就是阳到了极限，涨不动了，即不再创新高。

第二章

理清走势特征
优化操作目标

- 走势现实性的分类
- 合适的操作目标
- 可能性的趋向强弱

众所周知，股市走势千变万化，不是仅有一种走势，所以没有一把万能钥匙可以打开所有利润这把锁，本书也不可能抛出一种方法就能解决所有问题。

本章试图通过实际例股的详细讲解来帮助大家了解多种走势类型，让大家懂得如何结合自身特点制定适合自己的操作目标。因为，不是我适合这只股票，我适合这种操作手法，你就适合这种股票，你就适合这种操作手法，所以，我们必须了解股票走势，了解自己，即做到知已知彼。

当然，有关股票的实际走势和操作，我们必须牢记第一章说的——所有炒作，任何题材，无一不是围绕基本面；所有操作，无论是价值投资，还是价格投机，无一不是围绕走势。操作决定着盈亏，关系着成败；走势决定了涨跌，关系着盈亏幅度，也就是说，走势是我们建立操作方法、培养良好心态的最基本依据。没有走势，一切都是空谈。我们需要做最现实的操作者，而不是理想主义的操作者，更不是幻想主义的操作者，或者说操作者应该没有幻想、没有理想、没有感觉、没有想当然、没有以为，只有理性、只有走势、只有眼见为实。即操作者应该做到“看山是山，看水是水”。

从第一章中我们知道走势有现实性、可能性、必然性和偶然性。无论它有多少种性，也无论有多少种可能，最重要的是我们都必须立足当下的走势，从现实开始。就像你的目标无论有多高多远，没有脚下实实在在的脚印，没有真真切切的行动，你的梦想始终都将只是梦想。所以，你的努力必须建立在现实的前提下，否则做的是无用功，甚至是背道而驰，缘木求鱼。

我们通过学习走势的“四性”在不同现实走势中的表现，了解作为操作者的我们在走势上可以做的是什么，而不是想做什么。你想做的跟走势无关，最多偶然成功，而你依据走势做的，才会尽可能成功，才会必然成功。

第一节 走势现实性的分类

上一章我们要求掌握的只有两点：一是了解走势的“四性”，二是在走势的每一处会问四个问题：现实性的走势是什么？现实中的可能性是什么？必然性是什么？必然中的偶然性是什么？

这节我们就来认识走势现实性的分类，即当下走势所处的状态。

下面以实例说明走势现实性的分类。

一、上涨势

第一股：东方财富 300059

如图 2–1 东方财富所示，图中标出来 9 个地方，无论是要你面对哪一个地方的走势，你都要问这“四性”。比如，6 处走势的现实性是什么？可能性是什么？必然性是什么？偶然性是什么？

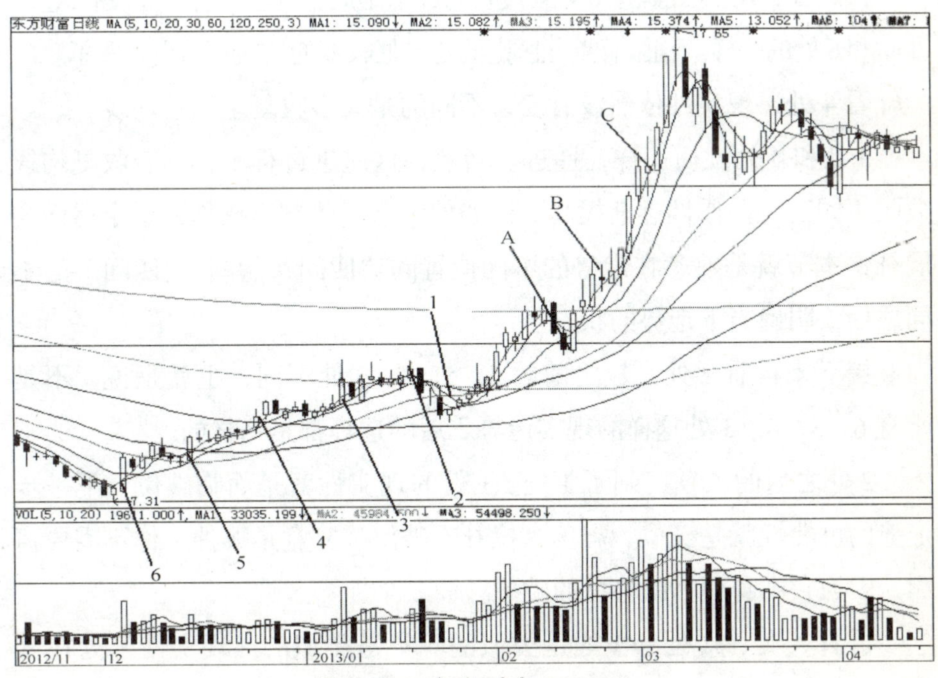

图 2–1 东方财富 300059

6处的现实性，就是它仍然是跌势，仍然面临重重阻力。当然，6处这里的上涨，有可能扭转跌势，但在可能成为现实之前，它还是处于跌势中！

必然性是什么，偶然性是什么？就是在一个操作者的思维里，无论你看哪一处走势，也无论在哪一轮涨势或跌势里，你既不是死多头，也不是死空头，因为跌势必然被扭转，而涨势早晚要涨尽，它就在偶然一次反弹或回调时。

有些死多头的操作者，在他逻辑里似乎永远都是涨不尽的：6000点都跌到1700了，还说是回调。的确是回调，问题是这样的回调你吃得消不；还有些死空头，在他逻辑里似乎永远都是悲观到极致的：6000点他看跌，1700他还看跌，他脑子都是直角的，没有圆滑和迂回，不知道阴阳更迭，迂回前进，更不知道作为一个操作者，如何在阴阳更迭中拿到自己需要的。

那么，我们把图2–1东方财富中标注的逐一看看。

接着看5处。5处是接6处再度发力，但是局势改变没有？并没有改变，性质和6处的一样。稍微有点儿区别的是5处收复的均线压力更多些了。

看4处，现实性依然没有变，不同的是又多收复了一条均线。

3处和4处性质一样，递进。当然，这递进过程中，随着收复均线数的不同，可操作性逐渐提高。该如何结合走势制定操作，这个后面会展开，本节就是熟悉在走势的不同位置问“四问”，并看“四问”的不同之处，明确当下走势的状态。

接下来再看2处，较之前的6、5、4、3处不同，也就是说，不是所有6、5、4、3处这样的现实走势之后的选择都是一样的。

2处之后的大跌，到了1处。1处的现实性就是面临破位，下一步走势的可能性就是破位、震荡、拉升不破位。究竟是哪种，你不需要猜测，因为它本身面临跌势里的破位。

再看A处，A处和1处是类似的吗？是类似的。现实性都处在其涨势里的回调，而调整面临破位。可能性就有破位，但是因为下面均线支撑的不同，所以面临的破位指数又不同。具体怎么区分？后面班长会有量化标准，这里你只需要了解。

再看 B 处和 C 处的走势，也是调整，较 1 处和 A 处的区别是什么？现实性有本质的不同。这也就是说，在操作者心里，必然性和偶然性是要有的基本认识，而现实性是你操作的基石。

当然，这是一路上攀的走势。我们再来看看一路下跌的走势。

二、下跌势

第二股：东方财富 300059

图 2–2　东方财富 300059

如图 2–2 东方财富所示，我们先看 1 处，反弹发力，为什么说是反弹发力？是因为说它涨幅小吗？如果这里是一根长阳是不是就不会说反弹了？

判断是不是反弹不是这样来区分的。该怎么区分？用你所学的，首先是现实性。那么，1 处的现实性走势是什么？是在涨势里，还是扭转了跌势？既不在涨势里，也没有扭转跌势，仍然还处在跌势。那么，跌势里的上涨其现实性就是反弹。

当然，反弹有可能最终扭转趋势，但是在反弹的可能性没有变成现实性的扭转以前，它就还是反弹。在可能的跌势里，可能变成扭转跌势的现实只有一次，其余都是反弹。

2、3 处和 1 处性质一样，同样的结构，同样的“四问”，同样的逻辑，同样的结局。

如何区分扭转没扭转跌势，后面会有清晰的量化标准。现在你只需要了解，走好每一步，切莫当下一脚还没站稳就着急着迈步子。

再看 4 处，4 处和 5 处是一样的，都是上涨，甚至和 6 处都是一样的。面对这种走势，就像连绵的雨天，突然见到太阳你兴奋不已，想冲出去享受阳光，可是你一不小心就要成为落汤鸡。

相信大家都有这样的经历，并且不止一次、两次，那么看到这里，先不说可以赚多少，起码你以后可以避免这样的损失。

如何避免？当然是“四问”了。

以 4、5、6 处为例，发力时别急着冲，问问当下走势的现实情况是什么。如果是跌势，那你还着急什么？

当然，有可能反转呀？就像 6 处，后来不就证明 6 处是最低点吗？在没有走出来以前，你能确定 5 处不是，6 处就是吗？你要让你的操作结果存在诸多不确定吗？

当你随便跑步入场时，问过你这次操作存在多少可能性吗？评估过哪种可能性大吗？

最后，结合这两幅图再看一下。图 2–1 是上涨趋势，6、5、4、3、2、1 处和 A、B、C 处越涨越高；图 2–2 是下降趋势，1、2、3、4、5、6 处越走越低。

最根本的区别是什么？就是所处的当下不同，你选择在什么样的当下出手，你所面临的最大可能就是什么，这是一个基本的常识。要想不被雨淋，就不要在雨天里不带伞就出门，或者干脆无论带不带伞都不出门。这是两种类型，我们再看其他类型。

三、盘整势

1. 跌势中的反弹盘整

第三股：辉煌科技 002296

如图 2–3 辉煌科技所示，跌势中的反弹盘整。我们看，1、2、3 处现实性一样，可能性也一样，不同的是后来可能性的结局不一样。有的选择了回调后再反弹，有的选择了下跌，还有的可能性（突破）没有实现。

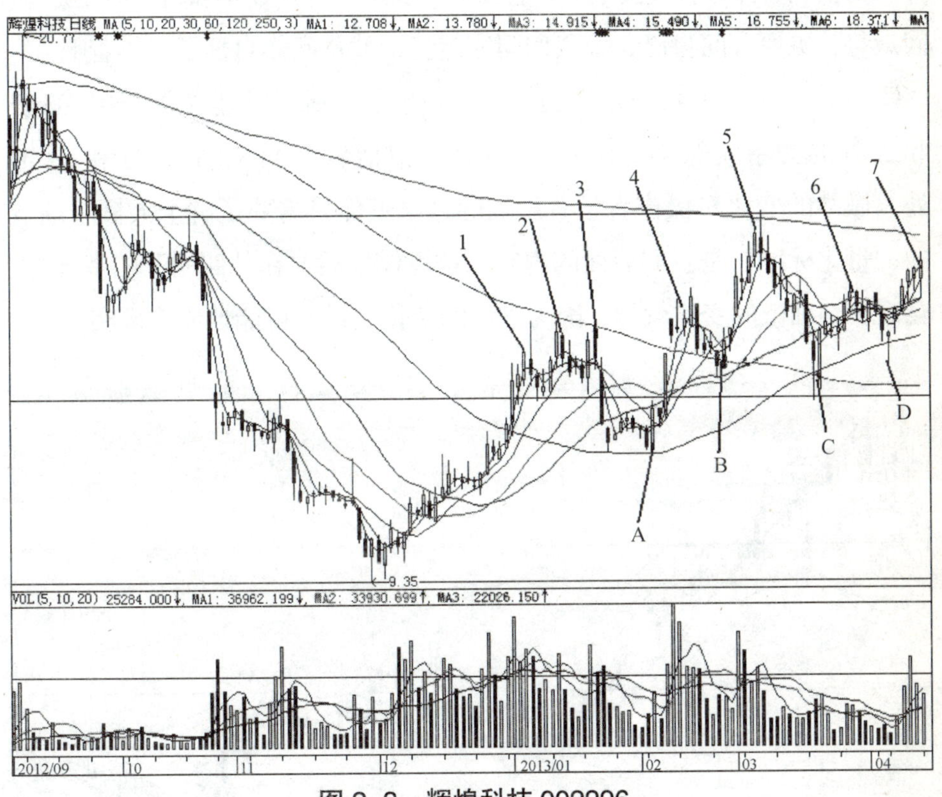

图 2–3　辉煌科技 002296

现在，你知道“四性”，会提“四问”以后再看走势，你知道什么样的走势看一遍就可以过，不值得你看第二眼，毫无留恋的价值。在你眼里也没有死多和死空，死多、死空不能带给你一毛钱的利润，你也知道涨多了跌，跌多了涨的必然性。你只关心现实性是什么。

那么，接着看1处的现实性是什么？可能性当然是可能扭转，重展升势，但是现实性还没有，既然还没有，你干吗要下手？你是资金多得怕没有机会上场，还是不怕买错？

回头总结一下你的操作，看看究竟失败在了哪里？交易10次，其中获利几次，获利幅度是多少，亏损多少次，亏损幅度是多少，找出你的根结，就知道操作败在了什么细节。

可惜太多操作者，甚至有的老股民，炒股10年，还不知道亏损在哪里。问走势，更要会问自己，等我们问完走势，就是问你自己了，等着吧。

再看4处，和1、2、3处虽然有一点点区别，但是本质不变，B处和A处的关系就像4处和1、2、3处，包括后面的5、6、7处和C、D处。微妙的变化对操作者是有影响的，这里你只需要了解个大概。细节的、量化标准，是我们后面的内容。这里你只需要在“四问”的基础上，会观察到细微的变化就行，因为细微的变化关系着可能性成为现实。

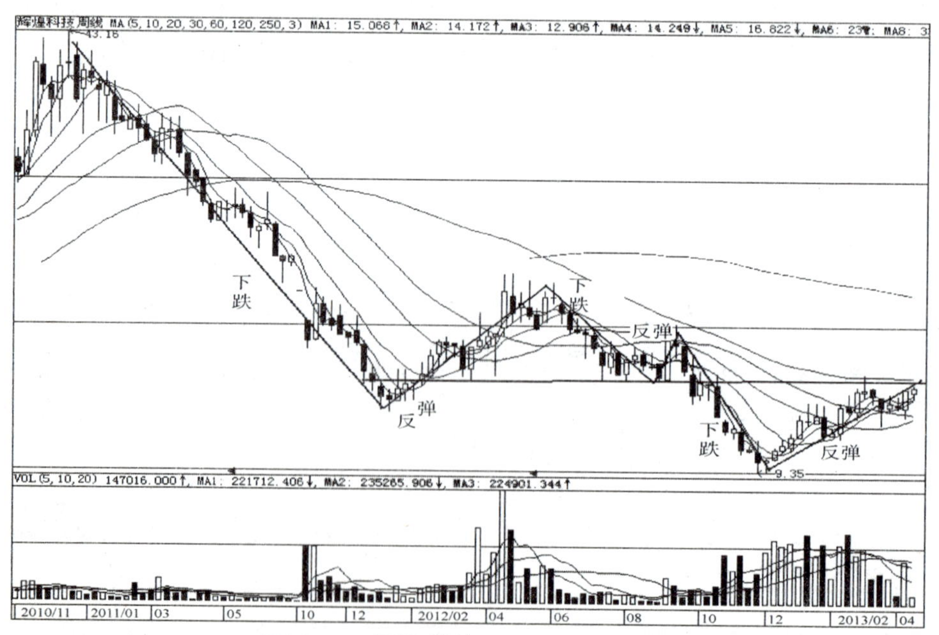

图2-4 辉煌科技002296周K线

顺便看看图 2–4 辉煌科技的周 K 线。

走势的“四性”，可以是 1 分钟，当然，也可以是周线以及其他级别。你也可以在周线上看上涨点，上涨点那里的“四性”是什么？问完了你就知道该不该进，进了面临什么可能性？又因为现实性是什么，可能性更大的是什么？

再回过头看辉煌科技的日 K 线，1、2、3、4、5、6、7 处这里在干吗呢？

结合周线可以明显看出，是跌势里的反弹，是反弹中的盘整，而面临的几种可能你不难想到。

看完跌势，看完跌势里的反弹盘整，也看完了涨势，再看涨势里的盘整。

2. 涨势中的回调盘整

第四股：海欣食品 002702

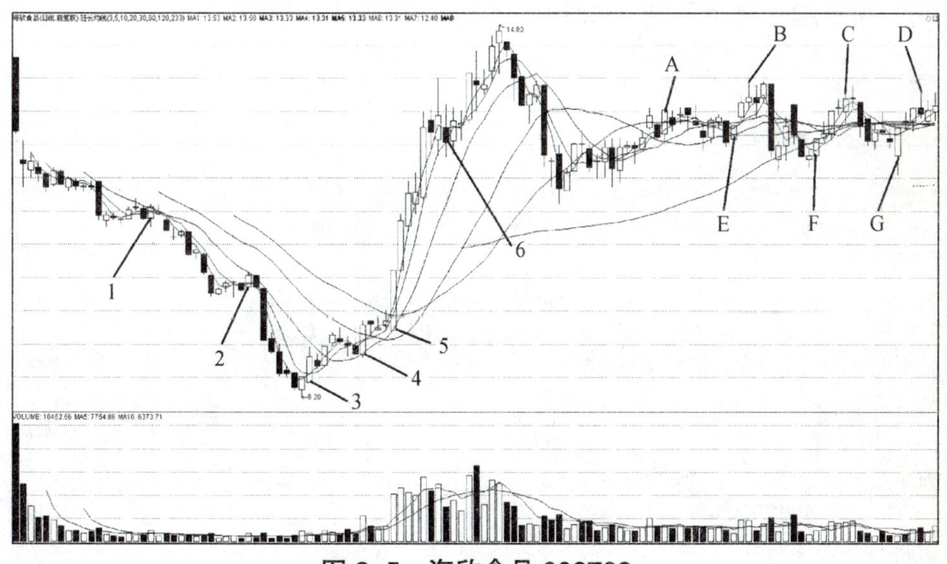

图 2–5 海欣食品 002702

如图 2–5 海欣食品所示，上市虽不久，但走势却很丰富。1、2、3 处是跌势里的，4、5、6 处是涨势里的，而 A、B、C、D、E、F、G 处是上涨趋势里的盘整。

上涨趋势里的盘整与下跌趋势的盘整，区别是什么呢？虽然必然性都是要选择方向，但是根据走势的不同，结果是不同的。比如，我们看海欣食品的 A、B、C、D 处，现实都在密集均线之上，而辉煌科技也在密集均线之上，但随着反弹到了反转点，也面临强大压力，海欣食品则是面临前高。

它们的现实基础是不同的，海欣食品是涨势，而辉煌科技是跌势里的反弹势，这就是现实中的最大区别。所谓瘦死的骆驼比马大，同样都是两个穷光蛋，但两个人的人际关系不同，结果就会不同。上面的辉煌科技和海欣食品就是这样一个意思。

当然，你可以没事儿把班长标出来的每一个地方都去问问，然后再自己回答回答，这样等到后面班长再讲时，理解程度会有显著的不同。

3. 步入上升趋势后，再度跌回，却没到原来下降趋势的盘整

第五股：焦点科技 002315

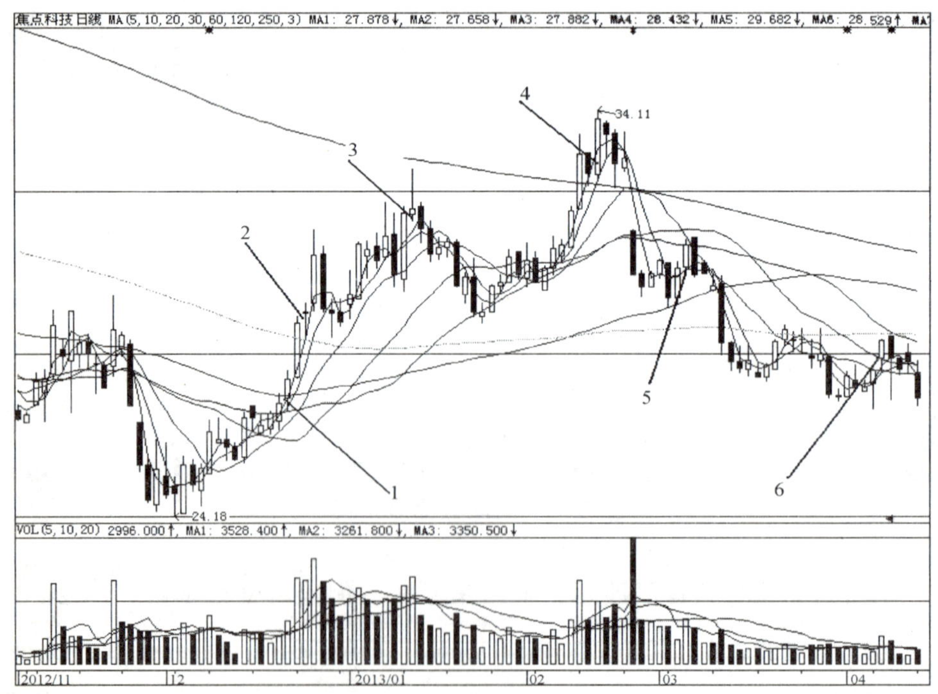

图 2-6 焦点科技 002315

如图 2–6 焦点科技所示，这是步入上升趋势后再度跌回，却没到原来下降趋势的。

1 处对应的是 6 处，1 处和 6 处的区别是什么？回答了这个问题，你就会知道下面的选择该如何选择，你就可以避免在以后的操作中出现二选一时，选的跌，没选的涨的局面。

如果 1 处是一个机会，6 处是一个机会，二选一，你会选哪个？为什么？

同样，2 处对应的是 5 处，如果让你选择一个地方介入，你是选 5 还是选 2？只需要问其现实性就可以有答案了。2 处是涨势，5 处是跌势，就是这么简单。

3 处、4 处面临的可能性是跟卖点有关的。自己可以问，也可以想应对之法，但是班长这里不讲，后面再讲应对之法。

4. 扭转跌势再度下跌，却没有步入新的上涨趋势的盘整

第六股：棕榈园林 002431

如图 2–7 棕榈园林所示，这是扭转下跌趋势，虽然再度下跌，但是没有破坏涨势的。

A 和 B 处的现实性是什么，区别有没有？

1 和 2 处的现实性区别是什么？2 和 3、4 处的现实性区别是什么？

现实性是第一步，没有现实性，就像盲人摸象。有了现实性的定位你才好一步步展开。

就走势的现实性来说，我们上面通过实例概括了三种，一是涨势，二是跌势，三是盘整。而盘整分为四种：

①跌势里的盘整；

②涨势里的盘整；

③步入上升趋势后，再度跌回，却没到原来下降趋势的；

④扭转跌势却没有步入新的上涨趋势的。

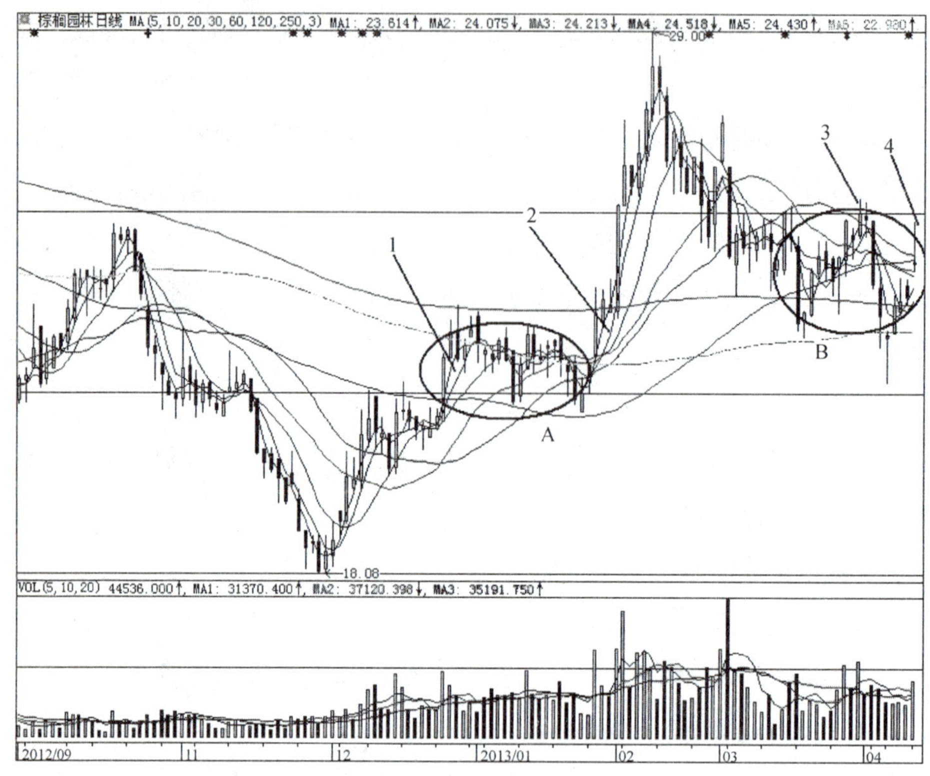

图 2-7　棕榈园林 002431

这就是本节的内容，核心点就两方面：

一是简单概括了走势的几种可能，了解走势；

二是如何从走势中看到可操作的概念。

留两道作业题：

（1）上面的几个例子中，你要试着自问自答，无论对错，只为后面的内容熟路。

（2）对下列各股或指数试着自问自答：

曙光股份　深天健　山东如意　海立股份　双钱股份　新宁物流

外高桥　华策影视　九阳股份　轴研科技　一汽轿车　海南瑞泽

东阳光铝　传化股份　莱茵生物　上证指数　深证成指

中小板指数　创业板指数　保险板块指数

这是随机选出的在涨幅榜前列的15只股票，后面要用到这15例教材股，另外五个入选的是四大指数和一个权重板块指数，这些都是随机的，目的就在于操作者可以随机地分辨一个目标，并对其走势做出辩证的认识和客观的反应。

班长答问——

1问：对现实性、可能性、必然性有点儿感觉，偶然性没有。

答：偶然性就是扭转趋势的那一次偶然的反弹或回调。

2问：为什么一切操作围绕走势？

答：是的，一切操作围绕走势。没有现实，没有当下，就是没有介入点。只有围绕当下的走势，才能谈具体操作。

3问：海欣食品的4、5处不应该算跌势里的反弹吗？

答：4处是最初，5处明确反转了，4处那里是不知道会不会反转的，但是4处那里不属于跌势里的，所以归到后面一类了，具体在讲操作时会有明确量化。

4问：总感觉自己按您说的“四问”不知道自己问的是否对，想和您的对比一下？

答：在现阶段，不在于操作者问的到底对不对，因为现在要操作者学的只是会问，还没到问对的地步，更没到问了怎么结合操作。

5问：①如何确定图上那些起涨点？②同一类点的细微不同如何看出来？

答：①起涨点不是确定的，只是观察了解，观察观察就行。②细微不同处是要结合均线的，后面会有具体讲解。

6问：怎么感觉越来越复杂、越来越难了？

答：要想在操作上清晰简单，你的逻辑就需要化繁为简，而化繁的前提就是需要了解走势的繁琐，否则怎么简化？另外，到现在为止，要掌握的很少，你复习时注意看，哪些是班长要求掌握的，而大部分只需要你听听有个大概了解就行了，因为后期会有针对性的专门讲解。

7 问： 文中的“问完了你就知道该不该进，进了面临什么可能性”——是否从现实性就可以得出“知道该不该进”？

答： 是的。但目前只是得出一个大概的，具体进的操作性如何，进多少，如何进，如何出，是后面的课题。

8 问： 是不是可以这样说，要随时评估现在是什么趋势下的什么情况，即现实性。这样做的意义是让操作者明白，当下的操作在之后出现哪种可能性概率更大？

答： 趋势不会轻易改变，随时评估是让操作者明白，如果现在操作，是在什么环境里操作。趋势不会轻易改变，意思是说，走势具有一定稳定性，不是说今天是涨势，明天就是跌势，都是涨一阵子，跌一阵子，再盘整一阵子。

9 问： 如按股票都是涨一阵子，跌一阵子，再盘整一阵子来说，如果某一股票目前处于涨势中的盘整，那必然性该如何问呢？

答： 盘整的必然就是打破盘整，这些只需要有个概念和认识就行了，没必要深究。

10 问： 有点儿明白了，那必然性的每一种可能如何考量呢？

答： 那得回归到现实性和可能性。而考量现实性、可能性的量化标准，是后面要讲的内容。

11 问： 偶然性与可能性是否能用一个就行了呢？

答： 偶然是必然中的，与可能性不一样。现实性应该是三种之一，即涨、跌和盘整三大类中的一种。可能性在任何一种现实性走势中都有三种，在三种对决的此消彼长中，其中的一种可能会成为现实。

12 问： 偶然是巧遇的意思，可能是可以这样或那样的意思。它们很相近，不知如何区别？

答： 比如说大盘一直跌，跌的过程中有反弹，而必然是要阴极而阳步入涨势的，而步入涨势的这一次反弹就是由偶然反弹变成了反转。

第二节 合适的操作目标

为什么在同样的市场，同样的走势里，哪怕是同一只股，有的操作者亏钱，而有的操作者赚钱？又为何同样的市场，同样的操作方法，有的操作者获利，而有的操作者亏损？

这是因为操作者看待市场的角度、理解市场的逻辑不同。如果不能客观看待走势，就像拿着一块脏毛巾，什么时候也擦不干净窗户。所以，才有了从思维逻辑上彻底改变炒股命运之说。

那么，操作者第一步应该做的是什么？就是建立辩证客观的思维逻辑，了解走势的现实性、可能性、必然性、偶然性辩证统一的关系。

客观辩证统一地看待走势，这是我们第一章明确的。你可以只是了解了这两组关系，知道任何走势都存在“四性”就行。班长会通过大量例子步步深入解析，帮助你充分理解这两组关系。

我们了解了走势的“四性”，随着看待走势的深入，必然涉及到你看到走势后想到的操作。这就是本节的内容——了解走势是不是合适的操作目标。

上一节最后提供了要用到的练习股，都是很随机地在涨幅榜拿的，目的就在于让同学们明白，操作者可以随机地分辨任何一个目标，其走势究竟是什么样的，到底适合不适合，并对其走势做出辩证的认识和客观的应对之法。

当然，目标合适了，就是应对之法。这里要展开的是了解走势是否是合适的目标。怎么了解？前面所讲内容已经告诉大家了。

第一是明确走势的“四性”。你必须得知道任何走势都有“四性”的存在。

第二是“四问”。涨势的话，你得知道早晚有一天它要步入熊途；跌势的话，你也得明白早晚有一天它要牛起来，这是走势的必然性。

步入熊途是从涨势里的某个偶然的回调开始；步入涨势是从跌势里

的某次偶然的反弹开始。这就是走势的偶然性。

第三是当下的走势是什么？主要是这一问。这是现实性，离开了这个，就脱离了实际操作点。有了实际出发点，才能进一步看其可能性和有哪些可能性？无非就是上涨、下跌和盘整。既然你知道可能性了，那么就要对照走势进行归类了。

第四是归类，也是上一章的核心，即当下现实性走势属于哪一类？是上涨？是下跌？还是盘整？

是盘整的话，是下跌里的盘整，还是上涨里的盘整，抑或是其他情况的盘整？随着你的归类，也就到了第五。

第五是确定走势的可能性。在当下现实性的走势基础上，有哪些可能性走势？下一步哪一种可能最有望成为现实？这关系到量化具体的操作标准了。

下面，我们通过 10 只例股，也就是上一节留的练习题中的 10 只，了解如何确认眼下的走势是否符合操作的目标。这 10 只股的 1 处都是 2013 年 4 月 15 日的收盘位置，2 处是 2013 年 4 月 16 日的收盘位置。

这里涉及到本章第一节的核心——对走势归类，涨势、跌势，还是盘整中的哪一种？在那一节只是了解归类，后面对归类，以及涨势、跌势的具体标准会给出。这里你可以依据现实性走势来看。

一、涨势中的操作目标

第一股：传化股份 002010

如图 2–8 传化股份所示，我们来看 1 处。

第一，走势的必然性你心里要有数，涨势的话，知道早晚有一天它要步入熊途；跌势的话，你也明白早晚有一天它要牛起来。这是杜绝死多头、死空头思维的。

走势的偶然性你心里也要有数，这是让你有足够警觉，任何一次反弹或回调，都有可能是反转或破位下跌。

第二，1 处的现实性走势是涨势，特征是在所有均线之上。

第三，可能性：a 继续涨势，b 震荡调整，c 杀跌。

第四，归类，1 处的走势，是涨势里的上涨。

图 2–8　传化股份 002010

这样的是不是合适的操作目标？你可以不用急着给出答案，再用同样的步骤来看 2 处。

2 处震荡，把可能性走势中的 b 变成了现实。

2 处现实性的走势是震荡，其他不变。可能性面临的依然还是三种。

这样的是不是合适的目标？你仍然可以不用急着给出答案，但是记住这里的问题，等一下我们 10 只股看完再回头看一遍，你会有不一样的发现。

第二股：华策影视 300133

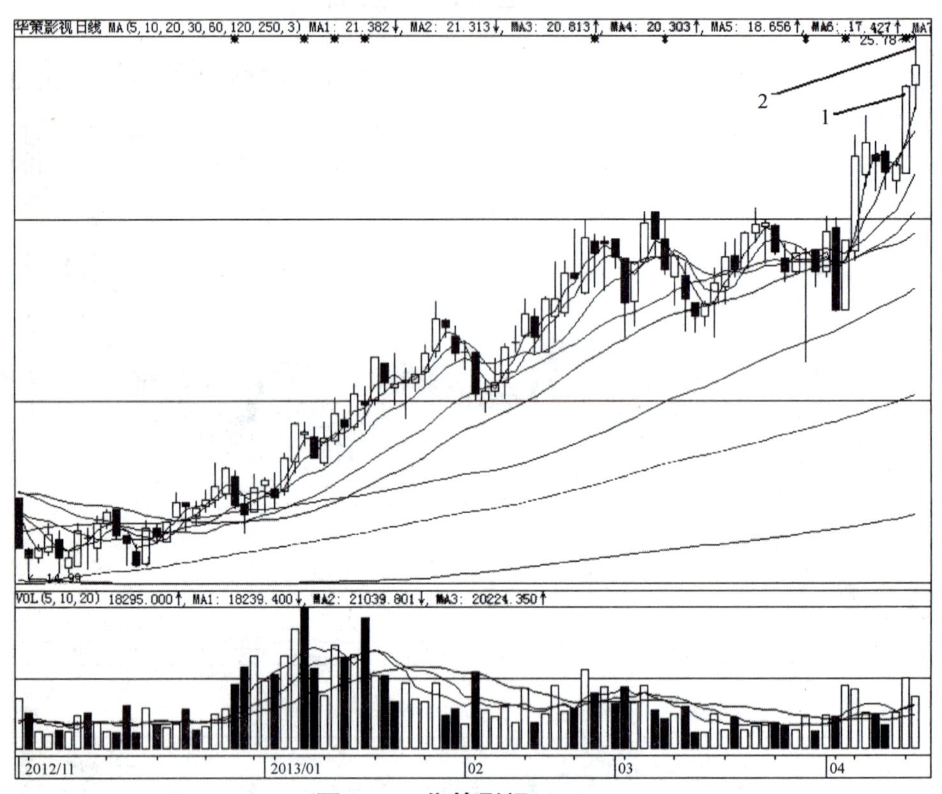

图 2–9 华策影视 300133

如图 2–9 华策影视所示，1 处在涨势里，2 处是继续上涨。2 处上涨幅度不大，冲高回落。面临的可能性，也就是第二天是继续上涨，是盘整，还是下跌？这里你给自己一个答案。

让你给自己一个答案，是因为下一步就要讲从走势特征上抓量化标准了，即如何评估哪一种可能性更大。

当然，这个可能性不是单独的一次随意猜测，而是通过层层排除的，如果你还没有发现怎么排除的也不用急，等一下我们会明确拉出来讲。

第三股：曙光股份 600303

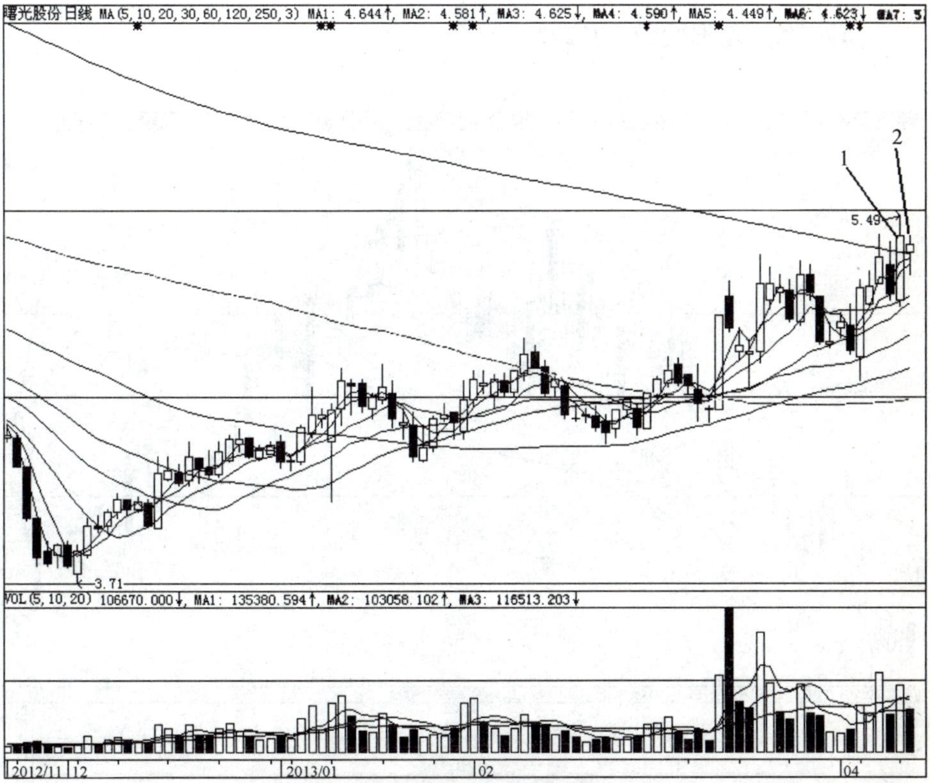

图 2-10　曙光股份 600303

如图 2-10 曙光股份所示，1 处所处的位置是涨势里的上涨，上涨之后的可能有三种，最终选择了盘整，也就是 2 处。

2 处之后的可能依然有三种，最终选择是涨势，还是盘整，抑或是下跌？你需要给自己一个答案。让你给自己一个答案，而不是班长给你一个答案，是为了让你明白自己的思考结果，结果对错不要紧，关键是让你发现并认识自己的思考。

这里重点要区分的是，1 处上涨之前的走势基础。是跌势里的上涨，还是涨势里的上涨，还是什么盘整势里的上涨？这是需要做的一个大分类，大分类做好了，大逻辑理顺了，我们才好从细节入手。大方向不搞清楚，在 1 分钟里再折腾，还是瞎折腾。

二、跌势中的操作目标

第四股：九阳股份 002242

图 2–11　九阳股份 002242

如图 2–11 九阳股份所示，1 处是上涨，但 1 处所处的位置是涨势，还是跌势？是跌势。也就是 1 处是跌势里的上涨，现实还是跌势中。

必然是通过某一次偶然的反弹而形成反转。接下来的可能性是继续盘整、上涨反转或再度下跌。

但现实是跌势的现实，仍然摆在这里还没有改变，我们为何不要现实是涨势的？ 2 处这里适合不适合操作，一目了然。而你只需要关注的就是 2 处之后能不能走“上上签”。若不是反转，那么无论是震荡，还是下跌都无所谓。就像涨势里，你只需要关注是不是走“下下签”，只要不是“下下签”的破位，那么是震荡或上涨都无所谓。

三、涨势里盘整中的操作目标

第五股：新宁物流 300013

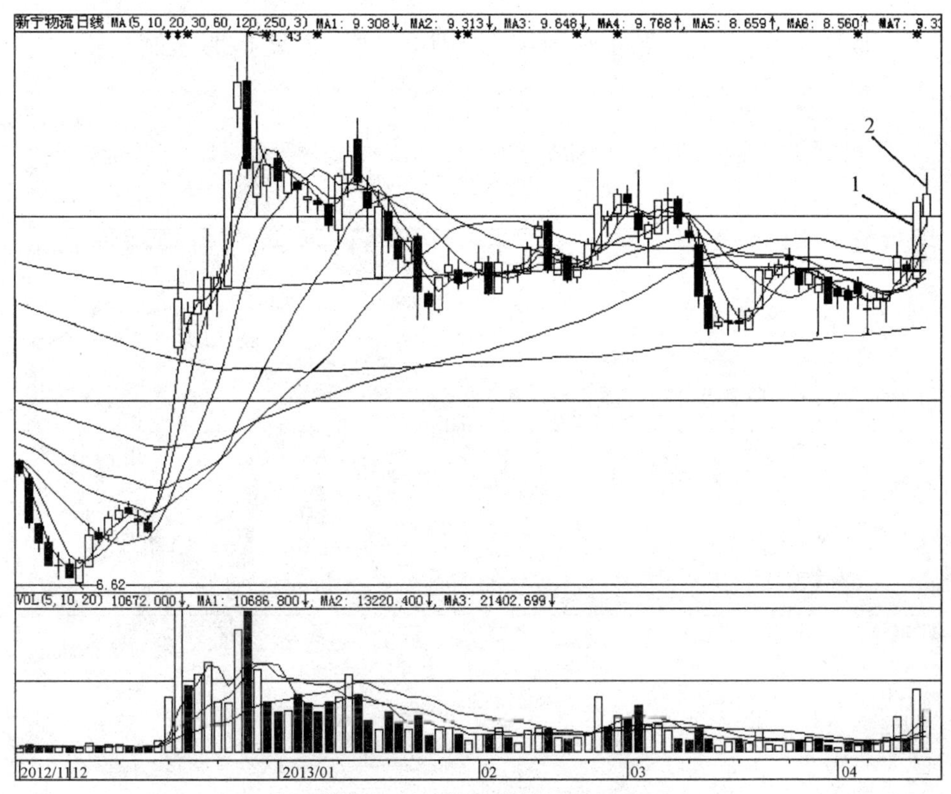

图 2–12 新宁物流 300013

如图 2–12 新宁物流所示，还是老步骤来分析走势。

1 处的当下是上涨，特征是在所有均线之上。面临的可能性：a 继续 1 的涨势，b 震荡，c 下跌。

2 处继续上涨，把 1 处面临可能性的 a 继续涨变成了现实。而这里的 1 处之前的现实性是什么呢？是震荡。处于震荡的可能性是上涨、下跌或继续盘整。这里震荡后选择了上涨。与传化股份不同的是什么？传化股份 1 处之前的现实性走势是上涨。

新宁物流和传化股份的当下走势虽然都在均线之上，但是新宁物流面临前高，故不如传化股份。

跑得最好的，如果不是那些基础条件好的，无压力一身轻的，还能是什么?

那些走势当下所要面对的现实，不是这压力就是那压制，压力重重，拿什么心思跑?

第六股：海南瑞泽 002596

图 2–13　海南瑞泽 002596

前面我们说了，5 例的 1 处和 2 处，到图 2–13 海南瑞泽这里，那 1 处你该会看了。可以说，2 处是继续可能性里最好的——涨势。

但是，1 处之前的呢？1 处之前是震荡整理。震荡整理的基础是什么呢？是涨势里的震荡整理。涨势里的震荡整理，面临的好了是上涨，次之是继续震荡，不好了才跌。而震荡整理之前的走势呢？是上涨。上涨后面临了三种选择：上涨、盘整或下跌。

当然，可以从上涨留下的上影线看出压力，看不出也无所谓，你只需要知道涨势里继续涨、盘整或下跌就行了。

涨势里：好了是继续涨，次之震荡盘整，最次之才跌。

跌势里：继续跌，好点儿才盘整，再好点儿才是涨。

当然，海南瑞泽这里的 2 处接下来面临什么样的走势？可能性不过有三。一是上涨，二是盘整，三是下跌，这里你再给自己一个答案。

第七股：东阳光铝 600673

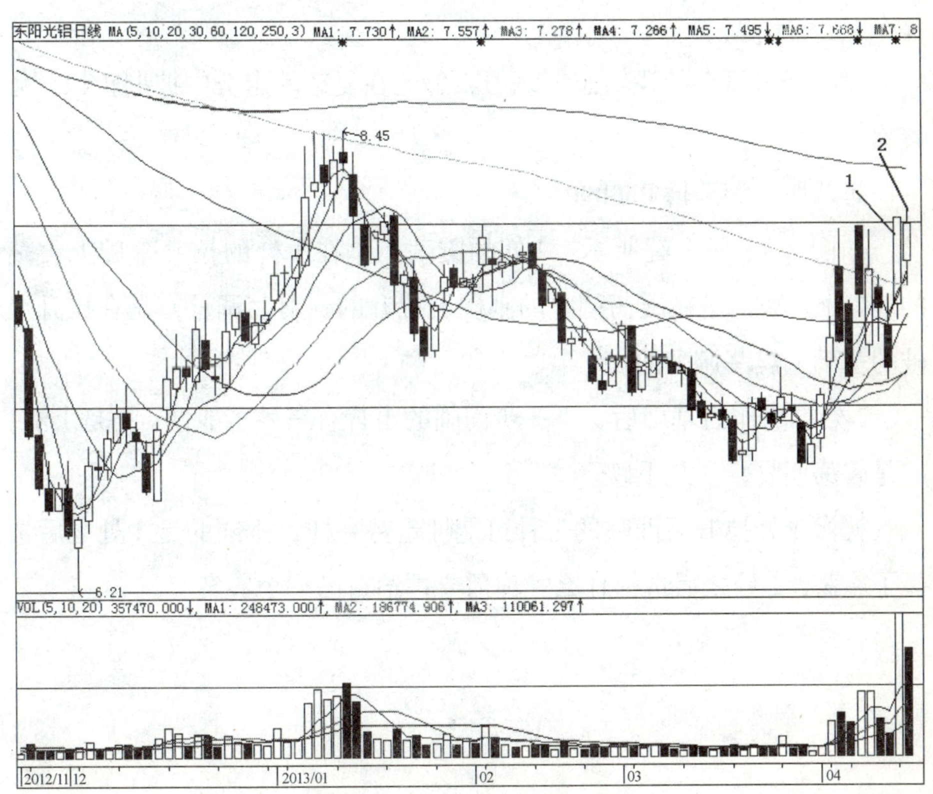

图 2–14　东阳光铝 600673

必然性和偶然性就不重复了，但是作为一个操作者，必需要有的大思维得有，其次就是实际操作点——现实性。

如图 2–14 东阳光铝所示，看 1 处，1 处是涨势里的上涨，面临的三种可能性：a 上涨，b 盘整，c 下跌。和跌势里面临的 a 上涨、b 盘整、c 下跌，有什么区别？

最大不同就在于涨势里往往继续涨，次之盘整，最次之才跌。而跌势里，往往是继续跌，好点儿才盘整，再好点儿才是涨。

当然了，东阳光铝的 2 处，现实性基础是涨势，但是与传化股份相比，又有哪些不同呢？

找操作目标就是挑三拣四的排除，不然 2000 多只股票，你买哪只？2000 多只股票，又不想千里挑一，又想你买的那只是涨得最好的，凭什么？

没有经过复杂的逻辑思考练习，怎能在复杂的走势中披荆斩棘、化繁为简？

第八股：深天健 000090

如图 2–15 深天健所示，2 处的震荡，是在 1 处的拉升基础上震荡的。1 处上涨，是在震荡调整的基础上拉升的。震荡调整，是在拉升突破的基础上震荡调整的。

2 处震荡作为基础后，下一步面临的走势有三种可能性：一是上涨，二是震荡调整，三是下跌。

就像 1 处拉升后面临的三种可能性走势一样，不同的是 1 处之后选择了震荡，2 处之后选择什么？你需要再给自己一个答案。

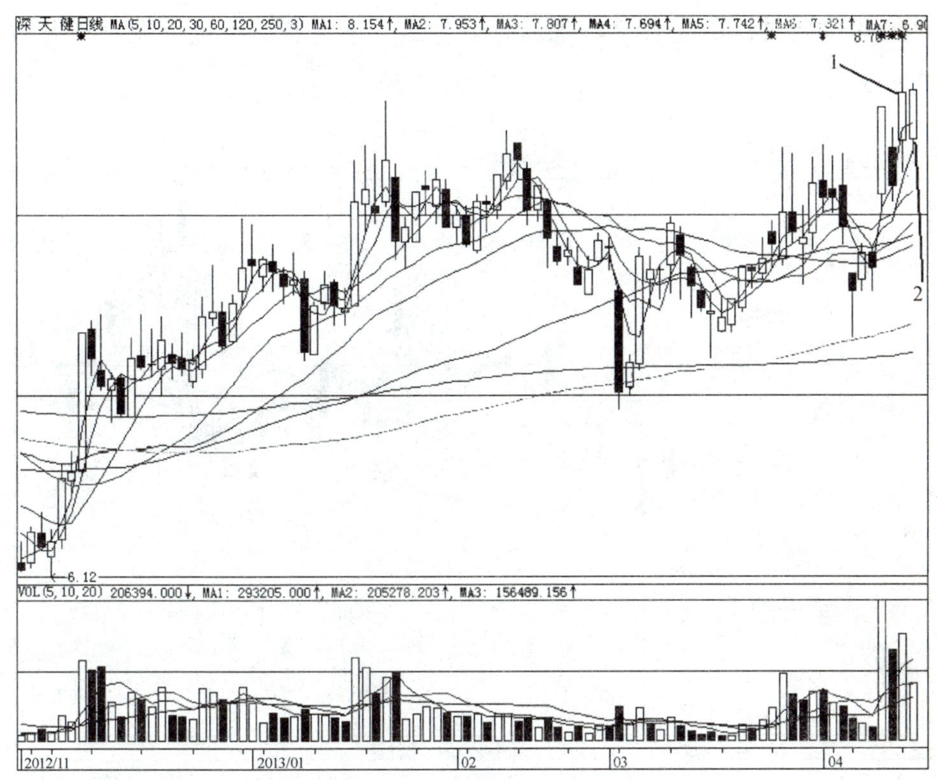

图 2–15　深天健 000090

第九股：双钱股份 600623

如图 2–16 双钱股份所示，1 处之前是一波下跌趋势，1 处的上涨是否扭转之前的下跌趋势？站在所有均线之上是否收复了之前的那波下跌？答案是没有。

2 处的震荡小涨面临的可能性依然有三种，无非就是 a 再度上涨，甚至收复失地，b 震荡整理，c 下跌。

在没有收复失地的情况下，面临下跌和整理情况时，你是参与收复失地，还是等收复失地后再动手？怎么操作的答案了然于胸。

你选的目标是最有可能上涨的，筛选目标是为了提高操作胜率，诸多不确定的结果就是目标不合适。

当然，就像九阳股份，不适合操作，但是不代表不能关注。这里双钱股份你要关注的是什么？那就是是否走“上上签”继续上涨收复失地反转趋势。

图 2-16　双钱股份 600623

四、跌势里盘整中的操作目标

第十股：海立股份 600619

如图 2-17 海立股份所示，1 处的现实性走势是上涨，在短期均线之上。但 1 处之前的现实性走势是跌势里的震荡。那么，1 处之后的走势面临的三种可能性走势是什么？依然是继续上涨、盘整或下跌。

2 处继续上涨，说明三种可能性之中选择了上涨并使这成为现实。但 2 处之后的走势呢？三种可能性你知道，但该如何选择？这不得不回到大局观里看，整体现实性走势是什么？

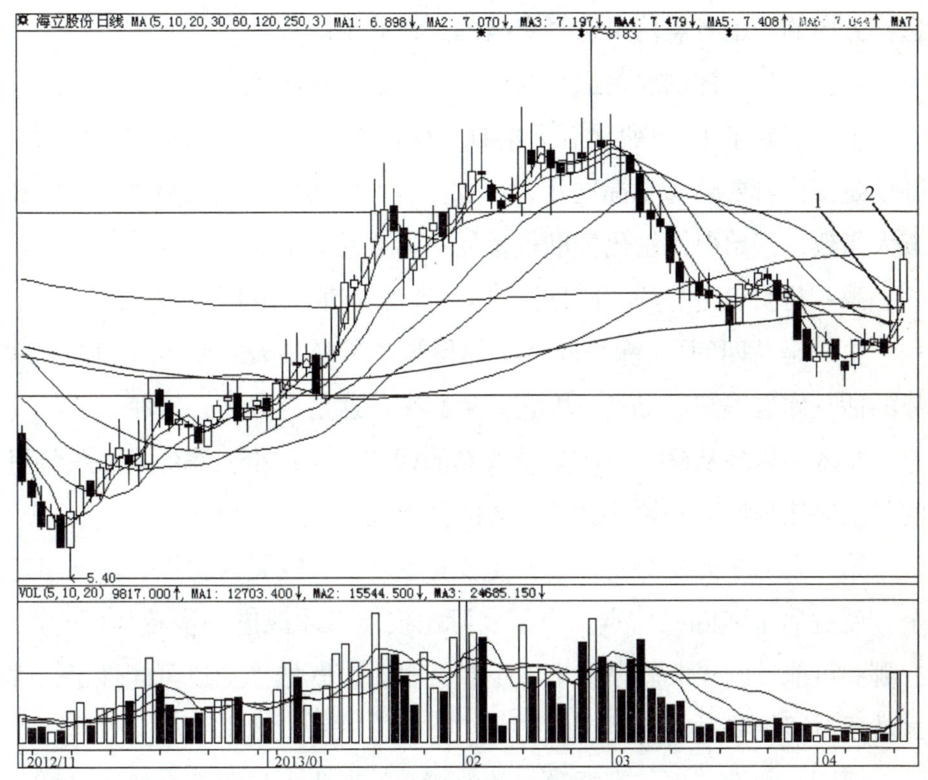

图 2-17 海立股份 600619

虽然连续两日放量上涨，虽然可能性中存在继续放量上涨的可能性，但是面临的现实性问题就是前期的压力点，或者说这是大上涨势里的盘整，而连续两日上涨并没有结束大盘整。

传化股份的当下现实性走势基础是什么？

新宁物流的当下现实性走势基础是什么？

海立股份的当下现实性走势基础又是什么？

三选一的话，这三个你选哪个？选哪个，究竟选的对不对不重要。你可以给自己一个答案，再对照后面走出的走势，你就知道答案了。当然了，答案也不重要，重要的是你从中学到了什么。

现在再回过头来翻看一下那 10 只股票，有涨势里继续上涨的，有涨势里上涨后震荡整理的，有跌势里反弹后震荡的，有震荡势里震荡待选择方向的，也有震荡里选择突破的，还有下跌势的。

现在，什么样的股是适合操作的目标股，你应该有了明确的答案。

上一节给了15只股和五大指数，现在用了10只巩固基础。所谓基础就是操作者要熟练掌握这几大步骤。后面的内容是结合另外5只股和五大指数，开始引入量化标准。重复一下这几大步骤：

第一是明确走势的“四性”，你必须得知道“四性”的存在。

第二是“四问”。涨势的话，你得知道早晚一天它要步入熊途；跌势的话，你也得知道早晚一天它要牛起来，这是走势的必然性。

步入熊途是从涨势里的某个偶然的回调开始；步入涨势是从跌势里的某次偶然的反弹开始。这是走势的偶然性。

第三是当下的走势是什么？主要是这一问，这是现实性，离开了这个，就脱离了实际操作点。有了实际出发点，才能进一步看其可能性。有哪些可能性？无非就是上涨、下跌或盘整。既然你知道可能性了，那么就要对照走势进行归类了。

第四是归类，也是本章第一节的核心，即当下现实性走势属于哪一类？是上涨，是下跌，还是盘整？盘整的话，是下跌里的盘整，上涨里的盘整，还是其他盘整？随着你归类，也就到了第五。

第五是确定可能性。在当下现实性的走势基础上，有哪些可能性走势？下一步哪一种可能最有望成为现实？

这种临盘的几大步骤，需要操作者多翻看股票来加强巩固。操作者可以随便翻看一只股票，带上前面讲的逻辑，用上面的步骤去锻炼看待走势的客观能力，把你的立足点建立在当下的现实性走势上。最后，几大步骤最终是为什么服务的？筛选目标！这才是你最终要达成的目标，绝不能搞糊涂了！

班长答问——

问：说海立股份面临前期的压力点，是指前期8.83这个高峰值，前期高峰的压力对走势影响很大是吗?

答: 大小是相对的，条件因素是综合的，没有一个统一的评判标准。而可以用作的标准是什么？就是现实性的走势是怎样的。既然是选择适合的操作目标，海立股份，还是双钱股份，双钱股份，还是海南瑞泽，九阳股份，还是新宁物流，新宁物流，还是曙光股份？

不是一个因素重要不重要的问题，是无法评判它的因素有多大。比如，同样这样情况的，在不同的大盘环境里又不同。于是，就不去评判它的因素有多大。选择目标，就选择最好的目标。好目标是为了好结果。没有好目标，把好结果建立在哪里？

第三节　可能性的趋向强弱

无论是跌势，还是涨势，面对的可能性不都是同样的三种吗？

为什么可能性最终成为现实性走势时，差别会有很大不同呢？

因此，展开适合你的操作之前，我们需要厘定走势的可能性。哪种可能性更容易成为现实？这个问题如果不理清，实际操作方法就没法展开。

本节我们将通过 5 只股和五大指数，即之前用过的 10 例来进一步明确走势的可能性。

当然，这 15 例股和五大指数不会因为这两节用过了，后面就不再用，我们还会持续用。持续用，不是因为这些股是班长精心挑选的，而是因为有用的技术就能适应随机的目标，否则特定挑选的太特定，实用性不具备普遍性。

走势的“四性”，不局限于跌势，也不局限涨势，无处不在。但走势是有其特性的，在某一特定时期内，它总是向着一个阻力小的方向行进。这一特定我们无法预料，你也不必预料，你需要做的就是观察这种特性并归纳。

第一股：外高桥 600648

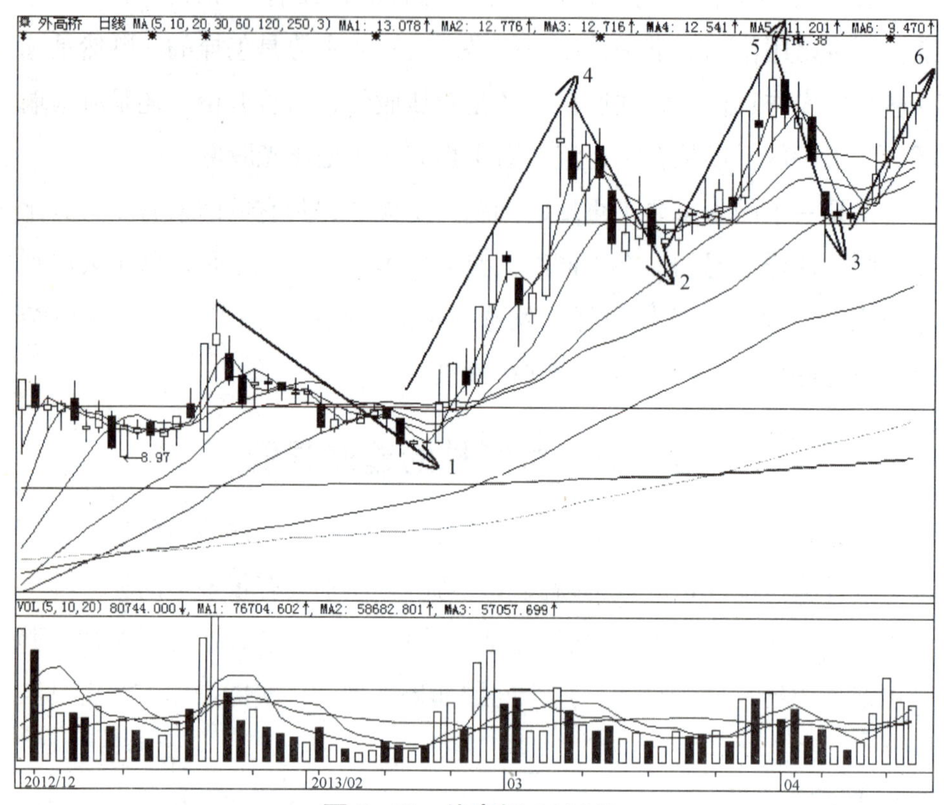

图 2–18 外高桥 600648

我们来看图 2–18 外高桥的走势，1、2、3 处是下跌势，4、5、6 处是上涨势。

当然，在实际走势的当下，你是无法确定，也没必要猜测走势究竟是走涨势，还是跌势，我们看的是已经走出来的，你只需要在走出来的走势之中抓住精髓，就取之不尽了。

看 1、2、3 处的跌势里，连创新低；看 4、5、6 处的涨势里，节节新高。为什么同样的可能性最终却大相径庭呢？

对比 1、4，2、5，3、6 处这三组走势不难发现，以 3、6 处这一组为例，即 2013 年 4 月 1 日以来的走势，下跌里的三种可能是继续跌、盘整、涨；而 4 月 11 日以来的涨势，三种可能是继续涨、盘整、跌。

你可以说走势是有惯性的，你也可以说走势是向着阻力最小方向运行的，这都是规律，都是可能性中的一种。但你要抓住的就是，涨势里的可能性与跌势里的可能性的根本不同之处，就在于跌势里期盼涨与涨势里害怕跌。

所谓顺应趋势，走势给你诠释得完美至极。那么你就得明白，在当下的现实性走势是跌势时干吗；在当下的现实性走势是涨势时又干吗。

第二股：轴研科技 002046

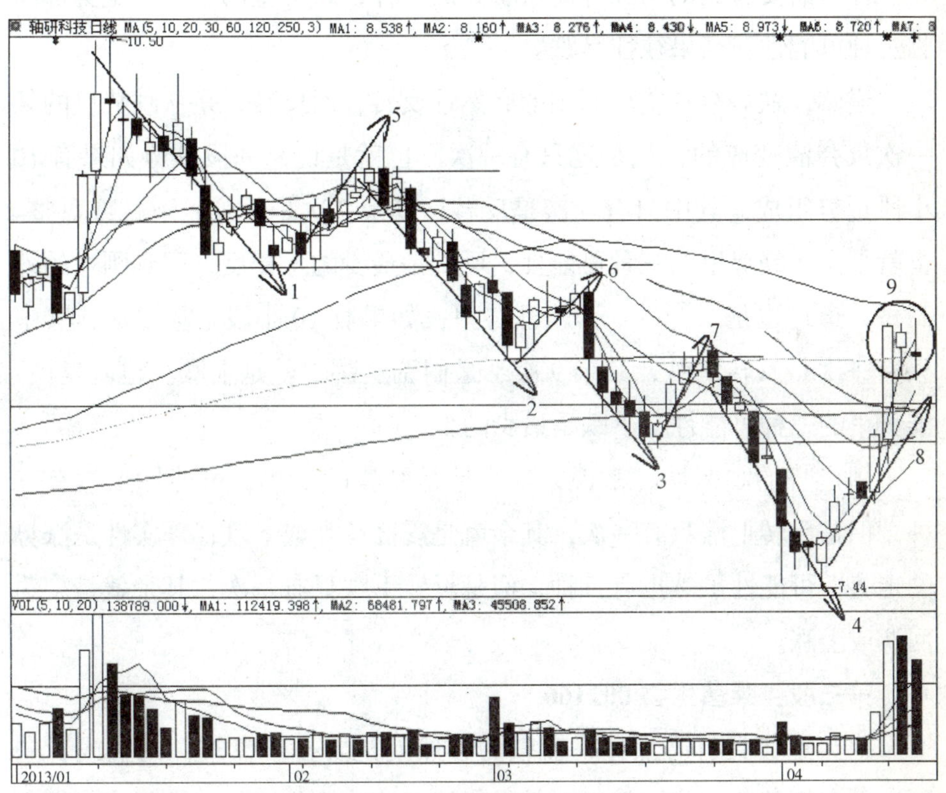

图 2-19　轴研科技 002046

如图 2-19 轴研科技所示，图中的走势是一跌一弹、再跌再反弹，总体是下跌势。

看走势的逻辑是和看外高桥是一样的，首先梳理一下走势的大致节奏，1 跌 5 反弹，2 跌 6 反弹，3 跌 7 反弹，4 跌 8 反弹，对应外高桥的 1 回调 4 涨，2 回调 5 涨，3 回调 6 涨。反弹对应外高桥的上涨，下跌对应外高桥的回调。至于回调和下跌如何界定，关系到操作之法，等后面章节再展开讲。

这样对应走势归类后，那么走势其中的内在逻辑就是一样了：无论是反弹，还是上涨，都是向上的，不同的只是幅度和力度；无论是下跌，还是回调，都是向下的，不同的还是幅度和力度。

你所需要看到的与在外高桥看到的一样，跌势里的每一处走势都面临三种可能性，结果往往是跌。

当然，跌势存在阴极而阳的必然性反转，而反转，是从跌势里的某一次反弹演变成的，只是这只有一次。也就是说，一段跌势如果有 10 小段走势组成，其中只有一次是反转，其余 9 次是反弹、下跌或盘整。也就是说，跌势里的三种可能性，反转是最少的。相反，回到刚才的外高桥，道理也是一样的。一段涨势里，如果有 10 小段走势组成，其中只有一次是反转下跌，其余 9 次不是回调震荡，就是上涨。也就是说，涨势里的三种可能性，下跌是最少的。

用走势的“四性”来说，现实性是跌势的走势，可能性虽然有三种，但是反转上涨只有一次，其余就是震荡反弹或下跌；现实性是涨势的走势，可能性虽然也有三种，但是反转下跌只有一次，其余就是震荡回调或上涨。

第三股：莱茵生物 002166

因为走势具有必然性，盘整的必然就是要打破盘整，向上或者向下。而在打破盘整前，就少不了震荡整理的波峰与波谷。排除波谷很容易，但是如何排除波峰不是突破呢？

看了刚才对应的外高桥和轴研科技，用同样的逻辑就可以轻而易举地排除了。

图 2–20　莱茵生物 002166

比如，在震荡整理中，如果打破盘整格局后选择的是突破，那么真正的突破只有一次。如何确定这一次？如果盘整了 3 波，你下注 3 次，你的胜率有 1/3。如果盘整 10 波，你 10 次下注，胜率只有 1/10。你为什么要在不确定中下注？

如图 2–20 莱茵生物的 1、2、3、4 处这 4 个波峰所示，来了 4 波还是没能打破，你就避免了徒劳无功的 4 次操作。

走势的必然性决定了盘整必然要打破，只是在等一个外在的或者内在的契机。无论是内在的，还是外在的，你无所谓，你有所谓的是要知道存在这种情况。如此一来，无论走势怎么走，即使走势超出了你的预期，但也还在你的意料之内，波澜不惊就是这样来的。

看 5 处的一字板，你能预料到要有 H7N9 疫情？如果没有 H7N9 疫情是不是还要继续盘整，或者说会不会跟着大盘下跌而跌，并打破盘整下跌？这些都是说不定的，虽然都说不定，但是这都是合理的。所以，再看走势，你要理解走势，不要总是让走势理解你，走势也不可能理解你。

当然，5 处以后打破了盘整格局，就像当可能性的某一种成为现实性走势时，走势就会面临新的一组可能性。5 处打破后又进入了新一轮的盘整，只是 5 处之后的盘整与之前的盘整有所不同了。

不同之处在哪里？就像外高桥里的盘整、轴研科技里的盘整，虽然都是打伞，但有遮阳防暑和遮风避雨之区别。

跌势里的三种可能性趋向强弱，涨势里的三种可能性趋向强弱，你有了大概的了解。那么，跌势里的盘整面临的三种可能性趋向强弱和涨势里的盘整面临的三种可能性趋向强弱，也是一样的逻辑。

第四股：山东如意 002193

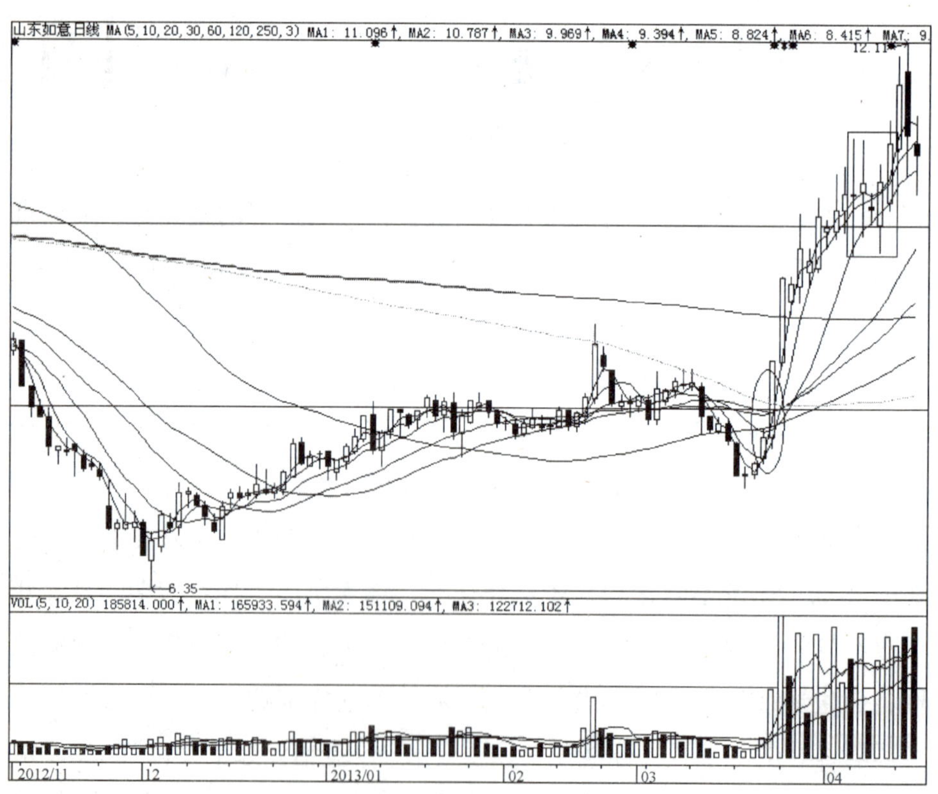

图 2-21 山东如意 002193

如图 2–21 山东如意所示，必然性跌势里从某一次反弹（图中圈处）开始进入涨势。

涨势里有震荡（图中矩形），但涨势里的震荡面临的可能性趋向于继续上涨。当然，不会有涨不尽的，必然存在掉头。

越是涨，你越要有早晚要跌的警惕。其实，回顾每一轮牛市或熊市，死在山尖上的，或者死在山涧的，不就是少了这样一种最基本的认识吗？

当然，不能用涨势必然要跌的逻辑作为指导你在牛市里卖股的依据。卖股依据是什么？后面班长会展开来讲。

也不能用跌势里必然要涨的逻辑作为指导你在熊市里买股的依据。买股的依据是什么？也是我们后面的内容。这里你只需要有这种认识，具体操作方法要结合现实性走势。

第五股：一汽轿车 000800

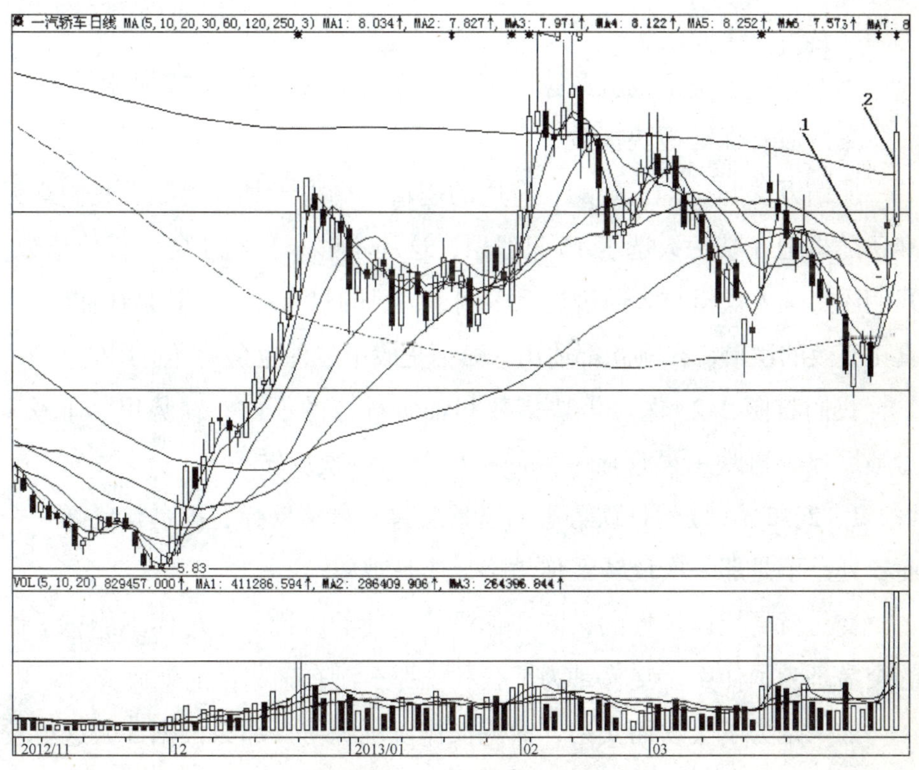

图 2–22　一汽轿车 000800

如图 2–22 一汽轿车所示，在 1 处的一字板，就像莱茵生物的一字板，它们的一字板来得毫无征兆，因为之前都是一跌再跌。当然，来得毫无征兆，但不会来得毫无理由，莱茵生物有 H7N9 疫情爆发，一汽轿车有一季报预喜消息。

消息渠道是普通投资者的弱势，所谓扬长避短，明明消息面是你缺的，你还要拼这个，班长就没办法了。就算消息出来了，对股价炒作的影响度，你也不一定能拿准，班长也是一样。我们能做的，就是从现实性走势中出发，根据我们刚才的三组大分类，去看可能性中的可能。

2 处处在怎样的一个局势里，面临的走势中，是否明朗？你有了答案，也就有了是不是适合目标的结果。

一汽轿车如此，其他股也是如此。清晰明朗的，如外高桥和轴研科技直接有是涨，还是跌的答案。但是对于不清晰明朗的，你只需要知道不明朗就可以了。

不明朗，不确定也就意味着——这样的交易你不一定要操作。

第六股：保险板块指数

所谓万法归一，正确的、有用的逻辑不局限于某一类股。我们毫无准备随机地在某一天选了 15 只股票，这还不够，我们还要选板块指数，我们还要选大盘指数。通过这么多例子，目的只有一个，就是让你明白，真正有效的逻辑，在哪儿都适用，哪怕是股市之外也是一样适用的。

我们看图 2–23 保险板块指数和轴研科技像不像？跌势里，下跌 + 盘整反弹 + 再跌 + 再盘整……+……+ 唯一一次反转。

1、2、3、4 处就是跌势里的盘整反弹、盘整反弹、再盘整反弹……而 5 处是不是那一次反转？你是赌，还是观望？

交易就要挑确定性的，除非你没确定性的可挑了。可你不能忘了你的交易是为了什么。交易是为了获利，那么没有确定性的就放弃。

如果是为了交易而交易，锻炼操作玩玩练习，那么根据 5 处这里较之前有所不同，可以玩玩。至于有哪些不同？如何玩？也是我们后面学习适合的操作之法的内容。

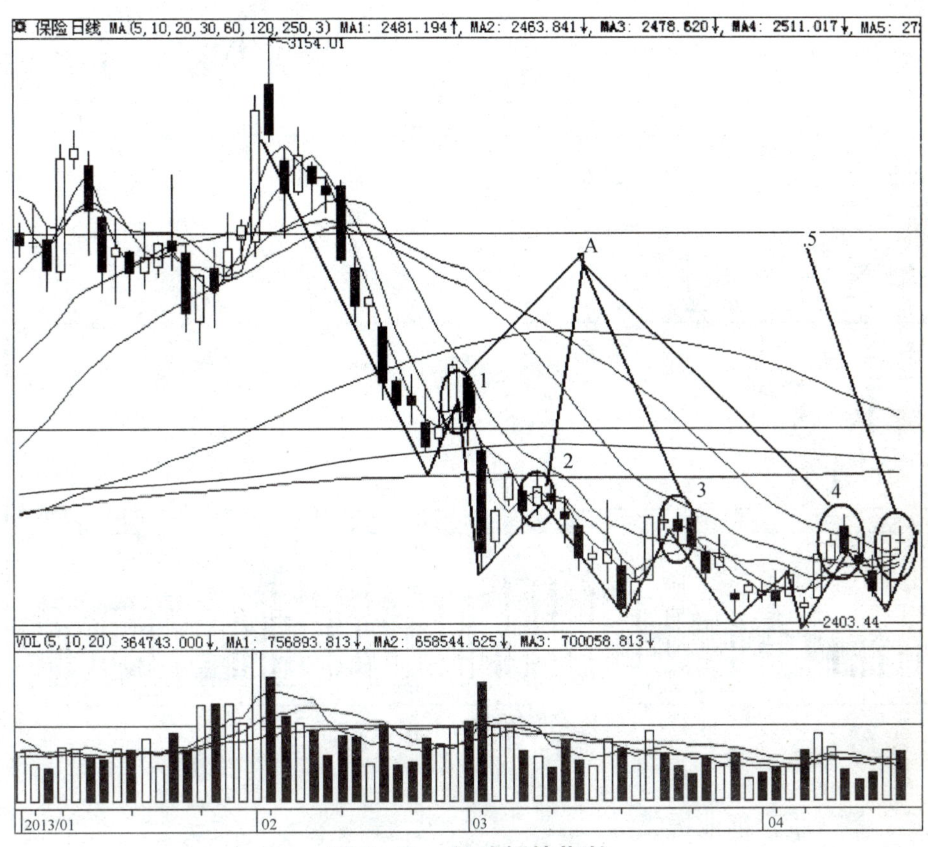

图 2-23　保险板块指数

第七股：中小板指数

如图 2–24 中小板指数所示，无论它是某一只股票，还是某一指数，走势上是相通的，逻辑同样适用，节奏一样的。走势是跌势，跌势里，下跌 + 整理反弹 + 再下跌 + 整理反弹 + 再……+ 唯一一次反转。当然，板块走的是跌势，不意味完全否定了板块中的所有股，这只是一个代表大多数的指数。

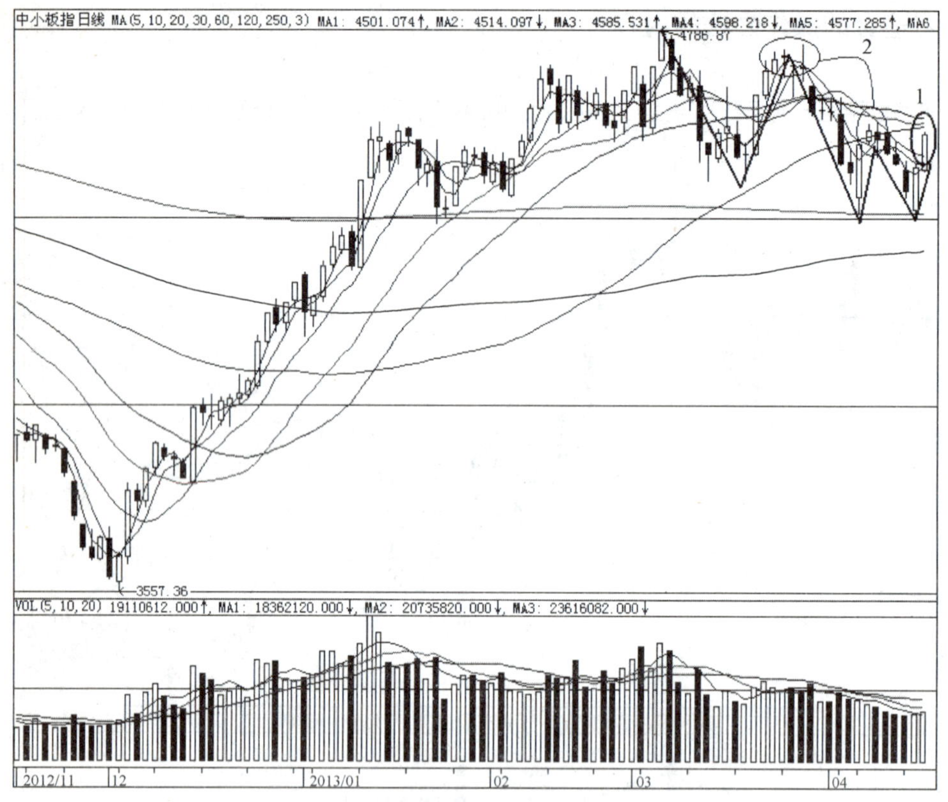

图 2-24　中小板指数

第八股：创业板指数

图 2-25 创业板指数和中小板指数一样，目标还是让操作者了解这一逻辑的普遍适用性。当然，这是跌势，跌势里的节奏构成是一样的，但若是涨势，也还是一样的。

那么，像中小板指数的 1 处和创业板指数的 1 处，面临了三种走势，走势的趋向是什么？

你结合现实性走势是有答案的，但是这个答案性质与涨势里的答案完全不同。因为，跌势里选择了反转才操作，而涨势里只有选择了反转才不操作，这是根本之处。

比如，1 处面临的三种可能：涨、盘整、跌，假如你结合现实性走势后趋向于涨，就要买进？当然是不。为什么不？因为现实性还没有改变，这就是不同之处之根本。

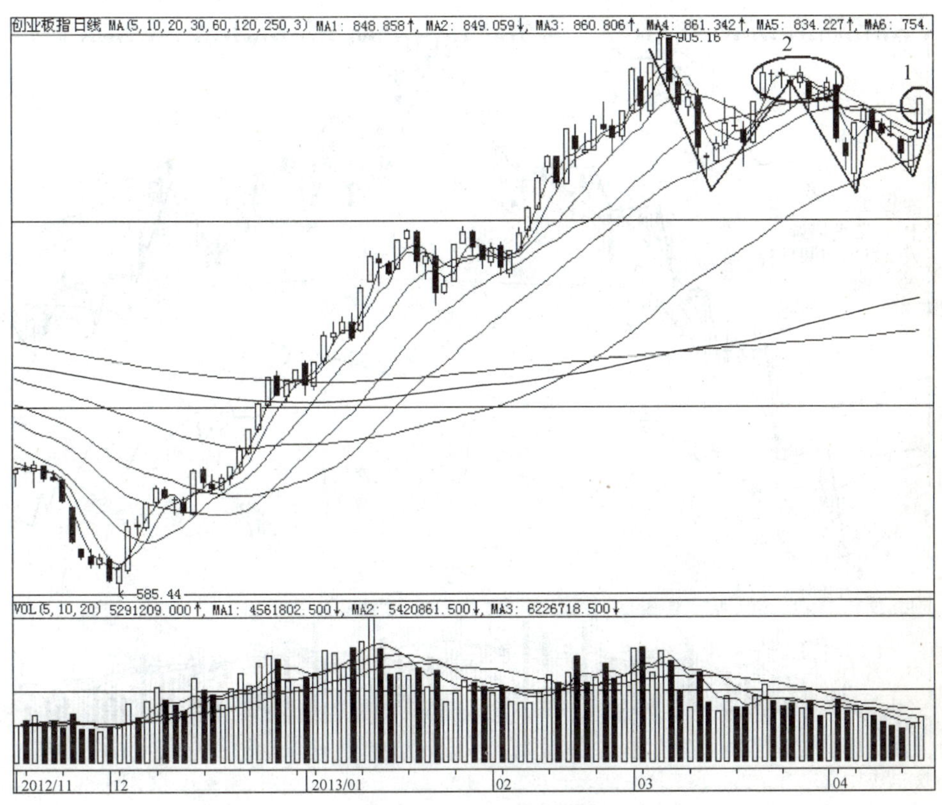

图 2–25　创业板指数

第九股：上证指数

讲到这里，该收了，收到最简单。只有这样你才能最轻而易举的对走势分类，才能更清晰的迎接后面的操作之法。如图 2–26 上证指数所示，其走势分为两大段：一波上升趋势，一波下降趋势。通过观察走势，加以班长的注解，相信操作者已经不难理解了。

涨势里：上涨 + 回调盘整 + 再度上涨 + 再度回调盘整 + 再……+ 一次成反转下跌的回调。

跌势里：下跌 + 震荡反弹 + 再跌 + 再震荡反弹 + 再……+ 一次成反转上涨的反弹。

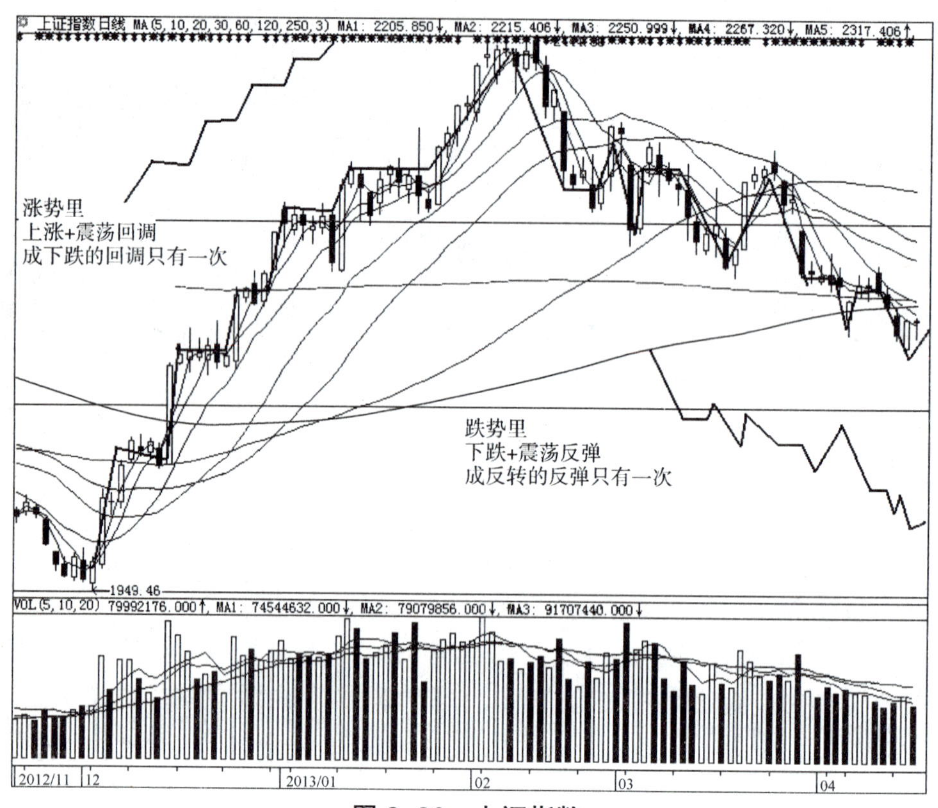

图 2-26　上证指数

梳理完了这个，你就该豁然开朗，柳暗花明了。当走势的现实性在跌势时，面临的三种可能，你知道怎样。同样，当走势的现实性在涨势时，面临的三种可能，你亦知道怎样。

第十股：深证成指

在上证指数那里做了最后的厘定和总结，那么如图 2–27 深证成指所示，也是同样的运行节奏，你也清楚。

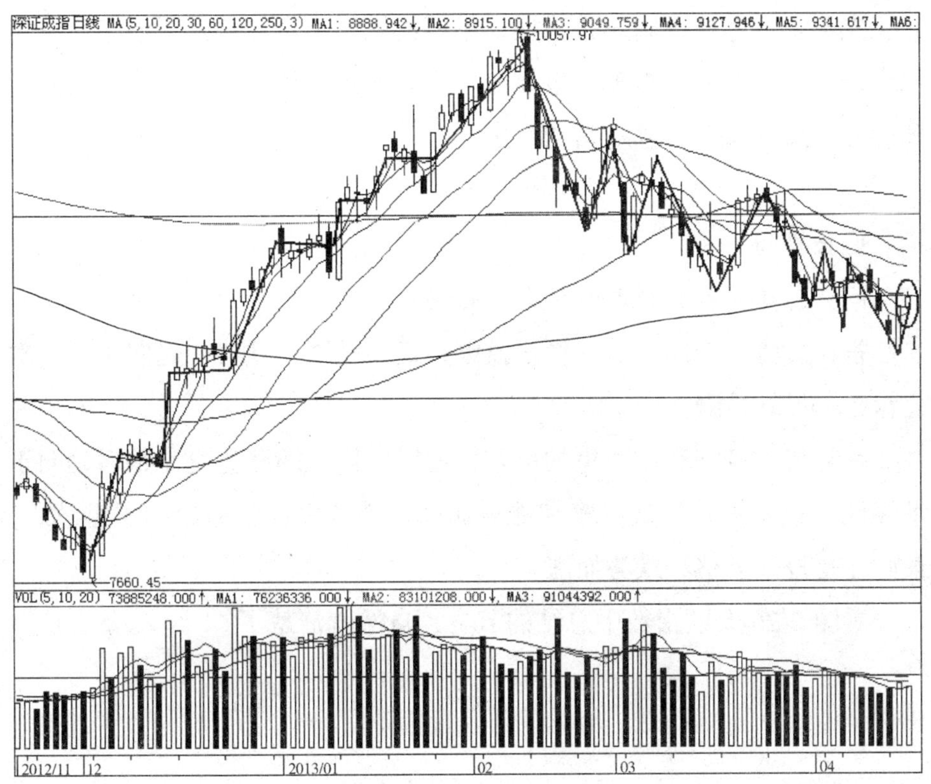

图 2-27 深证成指

那么，1 处所处的现实性走势是什么？面临的三种可能性走势是什么？

必然性大家都知道，也知道一定会在某一次偶然反弹时演变成反转。但是，这里适合不适合操作？当然，这是深证成指，大盘指数不能否定所有股票，这是必然要客观理解的。但是，道理是相同的，如果某一只股票是这样的，你操作还是不操作？

操作也好，不操作也好，给自己一个答案，让自己明明白白。

我们本节通过这些例子，做了进一步厘定分类，即走势里的三种可能：跌势的排除、盘整的观察、涨势的操作。

这就是我们本节的内容，你可以自己看前面说的 15 只股和五大指数。

先不要着急是正确还是错误，不要给思维早早定势。慢慢来，一步一步走，远处的风景再美，也要先学会如何走好脚下的每一步，才能达到远方。温故知新，总结归纳简化。

班长答问——

问：感觉没有弄明白涨跌盘中的逻辑？

答：涨势，趋向于涨，次之盘整，最差是跌；跌势，趋向于跌，次之盘整，最好是涨。

跌势里的盘整和涨势里的盘整，逻辑一样，即涨势里盘整后趋向于继续涨，最差才是打破盘整和涨势而跌；跌势里盘整后趋向于继续跌，最好才是打破盘整和跌势而涨。

看图 2-26 上证指数中总结的节奏，自然就清楚了。

第三章

认识操作机会 厘定结构特征

- 认识操作机会
- 掌握买点特征
- 明确操作机会

据说世界上的大部分财富掌握在20%的人手中，如果将所有财富平均分配，用不了多少年，大部分财富还会再度回到20%的人手中。会赚钱的始终会赚钱，不会赚钱的始终不会。这就像走势，涨势总是在涨、在获利，而跌势总是在跌。

我们第一章讲的是什么？了解走势、了解自己，这是操作的基础。否则何从谈起操作什么样的走势？又是什么样的操作者在操作？

第二章我们在了解走势、了解操作者自己的基础上，选到适合的操作目标。

知道选择什么目标了，剩下的就是操作方法。究竟什么方法好？为什么好？这是本章要讨论的，希望帮助大家从认识到深知。

究竟什么操作方法好？那就要明白究竟都有哪些操作方法，有哪些操作方法就要知道有哪些机会，有哪些机会就要我们从实例中去亲身体会。

让操作者了解各种机会，让操作者认识合适的目标，让操作者了解各种方法，就像给操作者摆了一桌菜，究竟什么菜适合你的胃口，只有让操作者都尝尝才知道，而不是道听途说，别人觉得好的未必适合你，别人觉得不行的未必不适合你口味。

第一节　认识操作机会

了解各种机会以及把握各种机会的方法，目的是让操作者了解到，不是所有利润你都要得到，不是所有方法你都要会，目标有很多种，选择适合自己的；方法有很多种，选择适合自己的。

接下来我们根据一些例子，看看都有什么机会。

一、涨势中的波段机会和跌势中的反弹机会

第一股：海立股份 600619

走势有涨势段，亦有跌势段。跌势段必然结束，重新走牛；涨势段必然结束，再度走熊。这是走势的必然性，在该股上呈现得很清楚。这是看待任何走势时要有的基本逻辑。

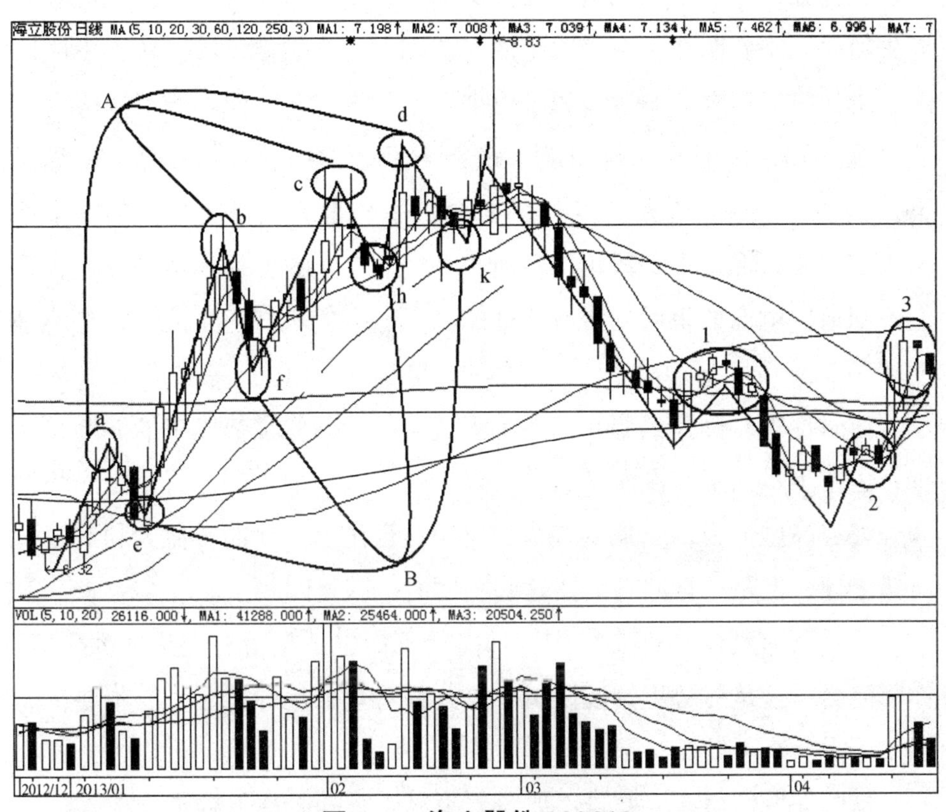

图 3-1 海立股份 600619

如图 3-1 海立股份所示，我们先看涨势段，A 对应的 a、b、c、d，B 对应的 e、f、h、k，分别对应的是涨势段里的波峰与波谷，也是我们上一章梳理的节奏：涨势由上涨 + 回调震荡 + 再上涨……构成。

在这样节奏的上涨段里，存在了太多的机会。比如：

（1）如果能把握住 a、b、c、d 这样的高点，做高抛，会得到很多的

利润；

（2）如果再能在 e、f、h、k 这样的低点准确低吸，就会得到更多的利润。

可是，走势在每一处都面临好几种可能性，你如何知道它要回调？又如何知道它要结束调整再度上涨，而不是继续调整或者破位大跌？

如何知道，要不要知道，或者只需要知道什么就够了，这些问题我们先留着。来看图 3–1 海立股份的走势图，图中右侧的下跌段，下跌段的节奏，第二章中我们也梳理了出来，是什么来着？你不能不知道。

既然知道了节奏，就知道下跌并不是天天跌，也有反弹。反弹是不是机会？如果把握反弹这样的机会，不是也有利可图吗？如图中所示 1、2、3 处都是下跌段里的反弹。当然，3 处的反弹是不是反转，我们不知道。就像如果回到 1 或 2 处的当下，我们不知道 1 或 2 处是不是反转。

何时反弹，反弹到哪儿？不是无迹可寻，就像涨势段里的波峰与波谷，也并不是无章可循。既然是可以转化为效益的走势，无论是涨势的波峰波谷高抛低吸，还是跌势里的反弹，理论上只要能转化为利润就没对错之分，但是一旦回到谁要这些利润时，就是问题了。

不是所有利润你都要得到，都能得到；也不是所有方法你都要会，你都能会。这是涨势里的波段机会，与跌势里的反弹机会。要不要，怎么要，为什么不要？

这些问题你得有，并且不要急着下结论，随着往下翻步步深入。

第二股：九阳股份 002242

如图 3–2 九阳股份所示，走势和第一股海立股份性质是一样的，也是一幅图包含了两段，而每一段都有最基本的节奏。这些股不是我们特定选的，就是随机选的，这些节奏是普遍存在的。你随便翻看一只股，涨势或跌势，节奏就是第二章梳理的那么简单的节奏。

跌势里同样有低点和反弹高点。过去多少操作者，包括班长自己，以为即使是跌势，持股也没事。只要做到这样在A处的低点低吸，B处的高点高抛，就可以在跌势里把成本降低。当然，有这样想法的操作者，现在还有很多，以后也会有很多。只是，如果你不是为了长期持有一家公司，如果你又没有大量的精力来做，你为什么要选择这样一个在下跌段的执着持有？下跌中持有能获利吗？来个上涨段的不是更轻松吗？

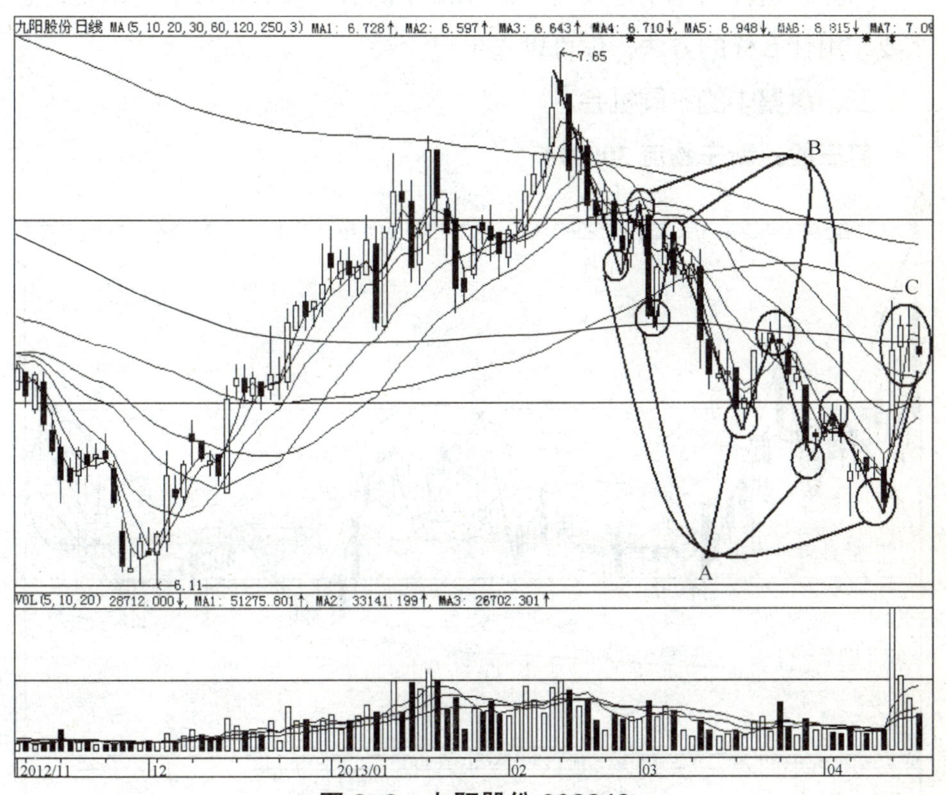

图 3–2　九阳股份 002242

当然，并不是说大盘不好，就否定了所有的股票。逆势上涨的不是没有，也不是班长看不到，只是有些机会你应该不屑，你是一只胃口大开的虎，你就应该专注在肥肉上而不是鸡肋上。

对于跌势里的A、B处，你可以不屑了，但是到了C处，大幅反弹后震荡的，面临选择的，怎么办？当然不能继续不屑，但是好到了你要它的地步了？也没有。对于这样的机会，你还有必要苦练绝招吗？

越是有效的机会越简单，越是鸡肋越伤神费脑、繁琐至极。回忆一下吃鸡腿和啃骨头，哪个简单？那么，C处这样的机会，你该拿什么眼光看待？有了答案，在以后的操作中，再遇到这样的走势时，你就知道该怎么做了。

当然，这样的也不是没有一点儿操作价值，什么条件下可以要，怎么要，用什么样的方法，你可以先想想。

二、盘整中的不同机会

第三股：新宁物流 300013

图 3–3　新宁物流 300013

如图 3–3 新宁物流所示，节奏我们就不说了，你看到走势，就应该看到大格局。组成这样走势的大节奏是什么样，千篇一律，没有新鲜事儿。

这里看两个地方的机会，分别是A处，即跌势里的盘整反弹，还有B处，即盘整突破密集均线，待选择方向。

走势的“四性”，应该像那首歌唱的“你存在我深深脑海里”一样深深地存在你的思维里。必然性和偶然性就不说了，现实性和可能性，应该是你看走势时如影随形的思维。

那么，首先的不是你想它涨，你觉得要跌之类的，而是什么？而是A处的现实性走势是什么，这才是一切的根本。

现实性走势是跌势，是跌势里的盘整反弹，那么面临的可能性？可能性虽然有三种，可是跌势里的可能性中，最小的是涨。在反弹没有反转以前，你最好是观望。

再来看B处的机会，也许你会画条下降趋势线（图3–4），也许你说突破了下降通道，也许你不会画，但这些都不是关键，关键是什么？

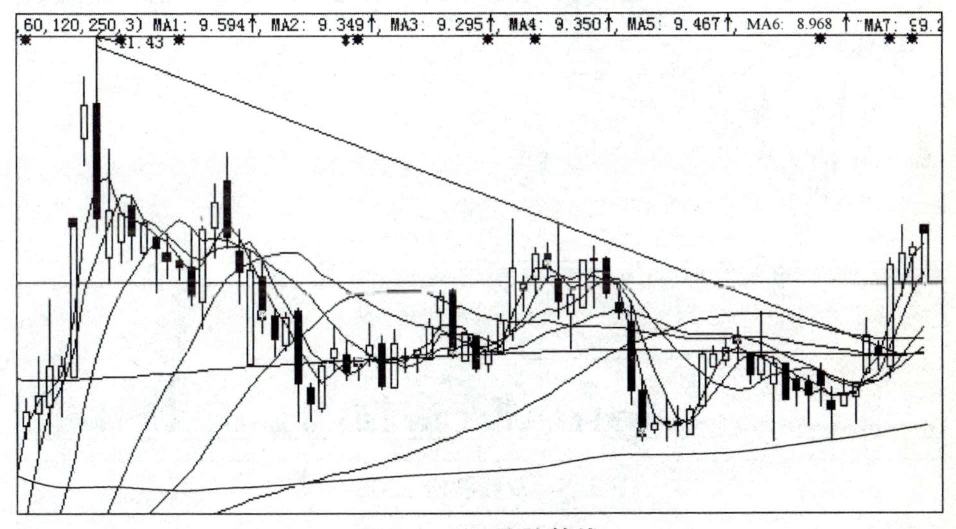

图3–4　下降趋势线

不同的阶段，关键点不同。走势是关键；有了走势，操作者是关键；操作者要什么样的才是关键，具备什么操作技术，能要什么样的，而这才是图3–3新宁物流B处的关键。

经过前面几波反弹整理，B 处收拢理顺了均线，能不能向上突破 A 处高点是走势的问题，你的问题是你的问题。你的问题是什么？是要在这种不确定的走势中搏杀，还是选择更好的？这是一方面。搏杀的话，如何搏杀也是一方面。怎么搏杀等后面展开来讲，这里你只需要先了解一下就够了。

第四股：双钱股份 600623

图 3-5　双钱股份 600623

如图 3-5 双钱股份所示，看走势，大格局、大节奏，首先你得看出来，双钱股份就是一波上涨段后，出了 1 处的高点，以 1 处高点展开了涨势里的盘整。跌势、涨势或盘整，这里是属于盘整，是盘整中的什么盘整？心里要有个区分。

最好的目标是什么？是不参与回调，不参与盘整，只做上涨段。

但是，盘整里的机会也不是没有，我们该熟悉了解的还是要了解。比如图中2处的高点，以及2处高点到3处高点之间的低点，这些有办法把握吗？

太多太多的操作者的注意力，不是放在了那些最显而易见的机会上，也不是那些最好把握的目标上，而是在这些飘忽不定的机会上。也就是说，走势的可能性有三种，而太多操作者把精力都放在了如何把握到最不好把握的那一种上面，就像涨势里最高点只有一个，你总在高点卖；跌势里最低点只有一个，你总是在抄低点。

对于盘整的，我们既不要不屑，也不要做出不恰当的反应。这个反应就是说操作，为什么是不恰当，而不是直接否决掉？

像4处，还有刚才新宁物流的B处，随着整理，在均线收拢聚集程度上，较之前几波是有所不同的。只是跌势里或者盘整里的盘整和反弹，是在不确定中的不确定，双重不确定大大降低了操作胜率。

第五股：东阳光铝 600673

图3–6东阳光铝和前面几个例子走势是类似的，相同的是有跌势里1、2、3处这样的反弹，不同的是随着均线收拢程度，有了4处更大的反弹力度。

反弹力度更大，但不意味着步入了新的涨势，就像强势股的下跌初期，经常出现快速拉涨停，但快速拉涨停不意味着扭转了下跌。

所以，4处这里结束了之前的下降通道，但是不意味着展开了新的升势。

也就是说，虽具备可操作性，但是把握更大的目标是什么？更简单的操作方法是什么？

图 3–6 东阳光铝 600673

第六股：海南瑞泽 002596

如图 3–7 海南瑞泽所示，细心的操作者或许发现，随着一波一波的起伏，走势越来越简单，越来越有力了。A 处对应的 1、2、3、4 处，每一次都反弹上来，但是并不意味着要上涨。

B 处较之前不同就在于经过 1、2、3 处和 4 处的整理，均线排列情况以及收拢程度更紧密了。这是一个重要信号，会是后面我们讲解参与此类操作的一个重要量化标准，这是要进一步了解掌握的。

B 处再度回调后出现了长阳拉升。

C 处圈起来的一个实体长阳与之前的上影线是一个重要信号，也是涨势里的一个追击点。

不是你想买就买的，而是现实性具备了可操作条件，你参与操作才有操作价值，这就是 A、B、C 三处的不同。

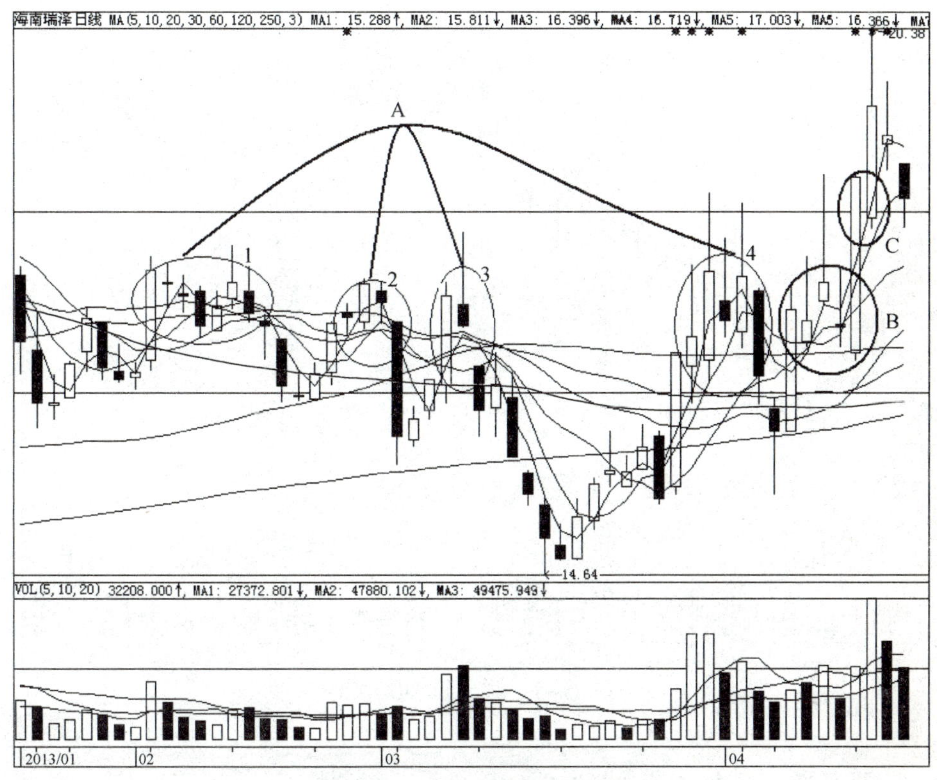

图 3–7　海南瑞泽 002596

第七股：深天健 000090

如图 3–8 深天健所示，3 处标注的三个位置是波谷低点，三波的三个低点不应该是你追求的，尽管它看起来很美丽，抓住时很神奇，但操作要的不是美丽和神奇，而是实实在在的利润。

1 处出现了 6 条上影线，2 处长阳盖过上影线，这就像上面海南瑞泽 C 处长阳盖过 4 处和 B 处的上影线一样。

为什么形成上影线？是因为冲高回落而形成，是因为抛压股价退了下来。那么，长阳盖过长上影线意味着压力解除，是涨势里盘整后的一个重要信号。

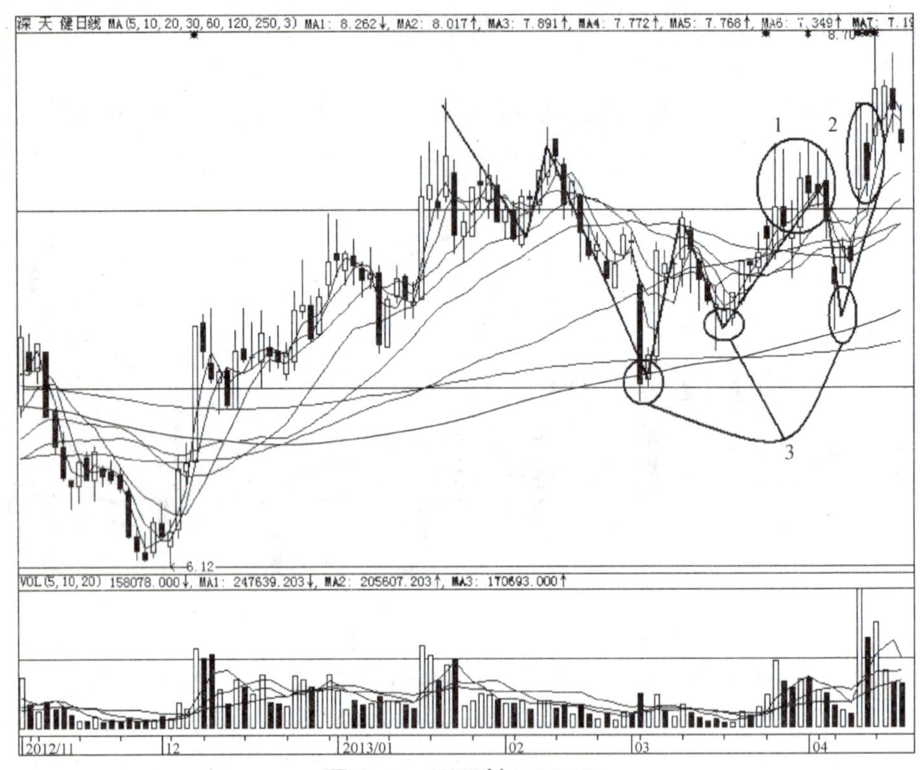

图 3–8　深天健 000090

第八股：传化股份 002010

如图 3–9 传化股份所示，随着跌势、跌势里的反弹、跌势里的盘整，到了这里，成了盘整后的涨势。如何参与跌势里的反弹，或者盘整里的波峰与波谷？这是你把精力用到学习复杂操作手法，收获却是一个鸡肋的问题，还是了解了解就算了，把精力用到肥肉上的问题。

1、2、3 处有什么不同？都是反弹后盘整，面临选择。谁知道 1 处不选择向上，2 处不选择向上，而是 3 处选择向上？事不过三是个规律，但是谁知道事不过三选择的不是向下？

当然，3 处的技术信号反复震荡在聚拢均线之上。但是，现实性的走势重新选择了没有？不，还是原来的盘整，那么你就需要等，等走势的必然性选择。

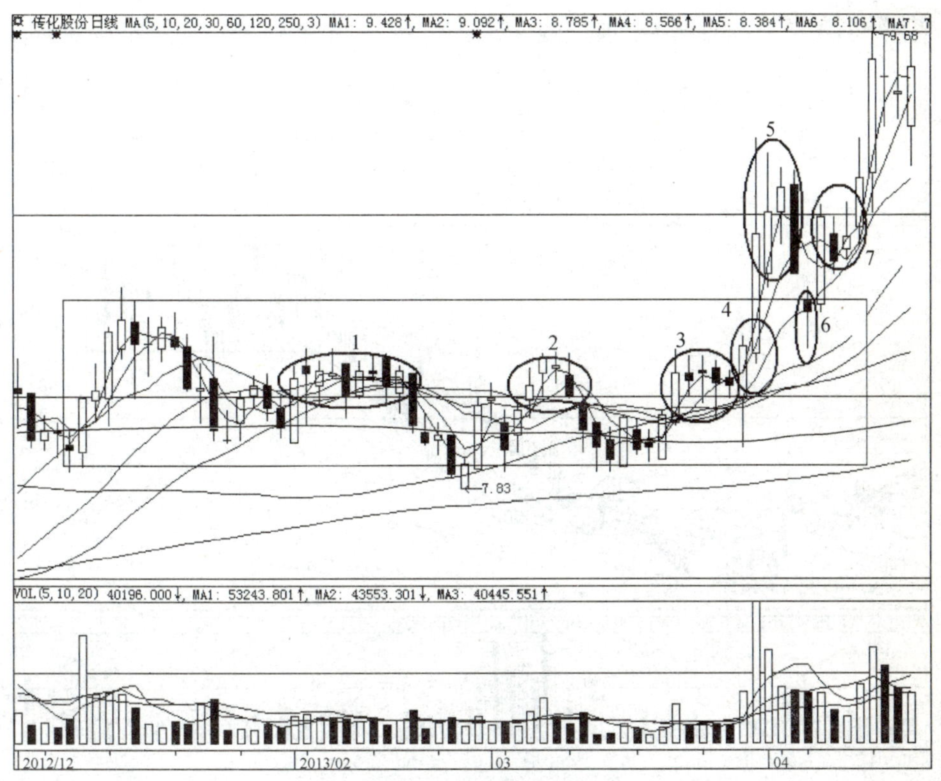

图 3–9 传化股份 002010

当 4 处的长阳盖过之前的上影线，打破盘整的格局，走势到了新的天地，打开了新的空间。打破盘整后如何参与？6 处买，还是 7 处买，到底如何买？你先想想。这里只是先了解到盘整结束后有主升浪，盘整里参与得到的是鸡肋，上涨段里才有肉吃。

不是永远是主力吃肉、小散喝汤，而是看操作者如何转化。跌的总是在跌，何不等到跌完了？盘整总是在盘整，何不等盘整完？让跌的跌死，让盘整的盘整够。你就吃现成的，谁让人家是主力，咱是小散呢？

第九股：华策影视 300133

如图 3–10 华策影视所示，1 处是下跌段，里面有无数个反弹，无数个鸡肋。2 处是上升段，是边走、边整理的上升段。经过 3 处的盘整整理，均线更聚拢、更有序，涨势也更凛冽。

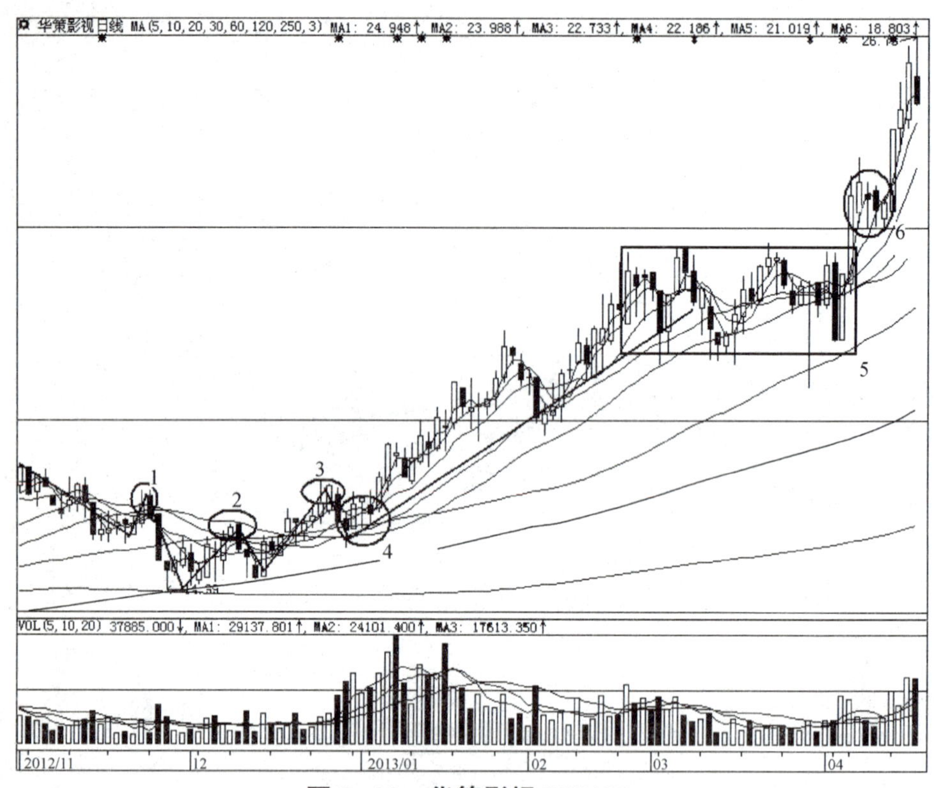

图 3–10　华策影视 300133

3 盘整 +4 上涨段 +5 盘整 +6 上涨 +……。

节奏还是那个节奏，1、2、3 处是跌势里的反弹，从跌势的一次反弹开始，回落站稳，转为反转。那么，在实际操作中，你是在跌势里见反弹就下手，还是等反弹转为反转后再下手？再看见盘整就杀入，还是等 6 处拉升，结束了 5 处盘整后再杀入？

你怕错过，你怕反弹是反转，可是终究还是错过或者做错。

越急，离你操作的最终目标越远。最好的、最有效的是等目标更清晰、机会更可靠时再出手。

第十股：曙光股份 600303

如图 3–11 曙光股份所示，1、2、3、4、5、6 处构成了一个盘整箱体。当然，在没有走出来之前，谁知道它要做箱体盘整整理？你不知道，我也不知道。但是，从走势的均线排列情况和收拢程度可以看出，起初是排列不好，收拢程度不好，接着走势就走出箱体盘整了，再往后你就等打破盘整了。

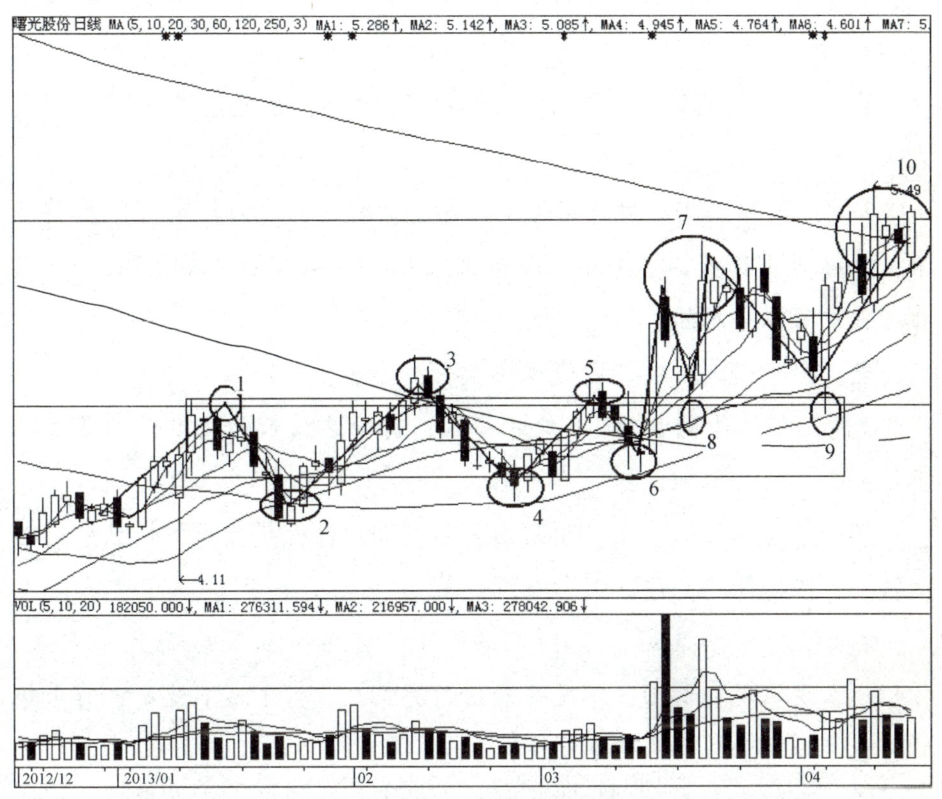

图 3–11　曙光股份 600303

打破盘整向上，你就找机会参与；向下，你就别再看它了。

这一节没少讲例子，其实目的就一个：确定目标，确定合适的机会，然后方能确定合适的方法。

确定了要什么样的机会，这就像你确定了要逮什么样的鱼，然后我们才能决定织什么网。这一节定下要逮什么样的鱼了，后面就等着我们织相应的网了。

班长答问——

1问：华策影视的5处在2013年4月3日大阳线之前的4月2日是大阴线，在4月2日的时候，如何判断会不会是做顶呢？如果4月2日之前就持有该股，碰到4月2日大跌是不是要卖出，而4月3日又要买回？

答：你只需要看它结束盘整没有，是盘整，盘整里跌不跌，跟你无关。

2问：因为（2013年）4月1日是突破密集均线，极有可能盘整结束，而4月1日买入，4月2日马上大阴线，4月3日又大阳，4月1日应该是可以买入的？

答：极有可能。可能变成现实没有？

3问：如果等到5处、6处才买入，前面这么长的波段是不是太浪费了？

答：还是一步一步来。再复习复习就知道什么是盘整，什么是打破盘整了，该记住的记住，然后看下一节。

4问：刚才华策影视2013年4月1日突破，如果后面就一直涨，你们怎么说。现在看图，不是事后诸葛亮吗？ 4月1日不就是也有走势的可能性吗？以几个图就下结论？

答：真的需要看看到底讲了什么。的确每一个地方都有走势的可能性，但是班长还说了打破盘整，打破盘整不是要可能打破，而是等待打破盘整出现，成为现实，这里没有假如。

但4月1日没有盘整突破，所提的问题不成立。立题错误，原因在于什么？为什么课程中说的打破盘整，这位操作者没有抓到，只看到走势的可能性，希望从操作者的回答中看到自己的问题，然后再想着怎么解决问题。否则，问题的出发点就是问题，又怎么解决问题？这就像看待走势的角度就是片面的，又怎能做到客观？

5问：比如，002498长期横盘，一拉就结束了，要是等上涨确认了再买，一买又结束上涨趋势了，这个有量化的介入点吗？

答：当然有。不急，等后面再讲解。上涨得多就多赚些，上涨得少就少赚些，但是不能为了多赚钱就增加交易的不确定性。

第二节　掌握买点特征

我们炒股，要想获利，前提条件或者基础是什么？当然要赶上一段涨势，而一段涨势要想展开，前提条件或者说基础又是什么，即买点有什么结构特征？下面我们结合实例来分析。

第一股：海欣食品 002702

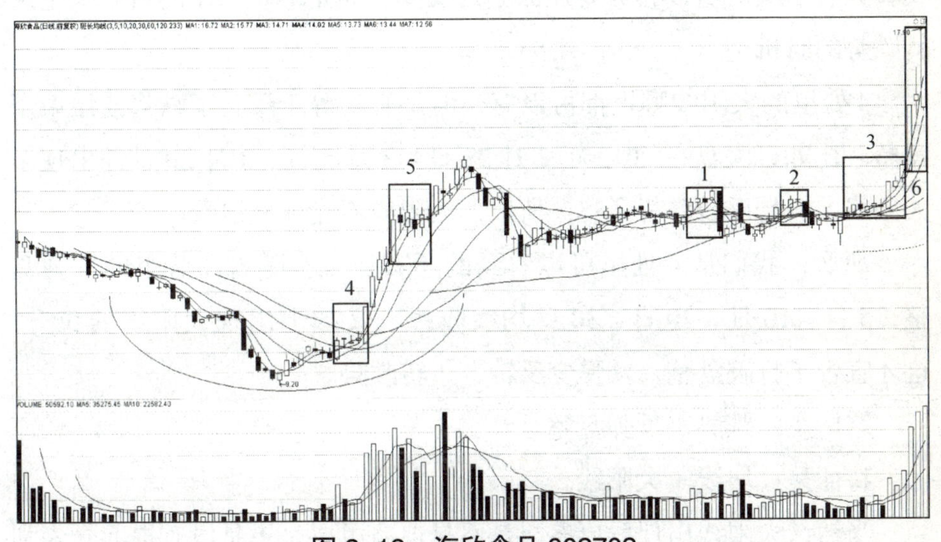

图 3–12　海欣食品 002702

经过之前我们一系列的梳理，现在再看走势，你应该有条不紊地抓住走势的各个关键，即什么部位是什么走势，哪个部位是你能要的。

再看涨，不再是独立的涨，是什么里的涨？再看跌，也不再是单独的跌，是什么里的跌？震荡也是一样的逻辑。如此，你看盘的眼光才会越来越到位，才会逐渐走出局限于某一处的误区。

如图 3–12 海欣食品所示，先看 4 处，4 处是震荡反弹。震荡反弹的前提是之前的下跌，即下跌里的震荡反弹。

为什么要震荡？你不能说你想赚，市场就让你获利。你想涨，他想跌，市场满足谁？你想往上，他想往下，我想原地震荡，如此意见不统一，市场就需要整合，直到整合一致了才能开跌或开涨。

跌势里的反弹盘整，涨势里的回调震荡，都是整合意见的体现。让想出去的资金出去，让想进来的资金进来。出去的出完了，进来的进好了，结果自然就是有了。结果是什么？这个就是我们要从走势中把握的。

看图中的 4 处，4 处之前是跌势，跌势里有反弹再自然不过，反弹何时反转你不知道，但是你知道跌势里 99%都是反弹，跌势里真正的反转只有 1 次。所以，你要抓的不是反弹，而是等待一个时机，一个反转跌势的时机。

4 处里的大阳线哪里都可以有，但是有不等于反转了跌势或结束了盘整。比如，大盘在 2013 年 2 月 28 日、3 月 5 日、3 月 20 日都出现了大阳线，但是反转跌势了吗？所以，大阳线不能独立地看。

那么，我们从 4 处里可以看到的还有什么？随着跌势里的反弹盘整，5 日、10 日、20 日、30 日均线收拢，又加上出现大阳线的拉升，这才宣告了打破盘整，反弹变反转，扭转跌势。

结构是：跌势 + 反弹盘整。

特征是：均线 + 大阳线。

当然，大阳线出现后再参与是不是追高了，是不是没有提前介入利润多？可是，大阳线不出现，你怎么能肯定盘整后会突破？

突破前就下手，下手了不是突破是跌破呢？你务必要清楚的是做交易，求的是什么？虽然交易都是为了获利，但是不等于所有的交易都可以置生死而不顾。这就像我们上班工作，上班工作是为了赚工资，这也是一种获利，是为了生活，可是你的工作如果像那些交易一样，不仅可能赚不到口粮，甚至还要倒贴，你还做吗？

牢记自己的定位，做好自己的角色。如此，选择目标，选择下单位置，交易才能从容淡定，波澜不惊。班长在《炒股稳定获利法》说的“稳定获利”，就是让自己稳定下来，让目标稳定下来，让方法稳定下来。如此，受益也将稳定增长。

4处这样的结构先记住，后面会有大篇幅的详尽讲解。我们再来看5处，5处是典型的什么结构？5处当下的走势是盘整震荡，5处所处的现实性走势是涨势。结构就是：涨势里的盘整震荡。

学过班长《飞龙在天》的操作者，或许要说5处的上影线反映的是上市高点的压力，而5处的震荡反映的是震荡消化上市高点的压力。当然，你这样解读完全是没问题的，但是如果不是呢，或者用我们学的逻辑呢？那就是涨势+盘整震荡结构里面临的三种可能性。

涨势+回调盘整与跌势+反弹震荡的结构是一样的，不同之处是什么？这是一个非常关键的关键。不同之处——涨势里的回调盘整只有一次是扭转涨势，跌势里的回调盘整只有一次是扭转跌势。也就是说，跌势里的反弹盘整，只要不继续盘整，99次都只是反弹，只有1次反转，那么你买吗？涨势的回调盘整，只要不继续盘整，99次都是上涨，只有1次跌，你不买吗？

我们再看5处的特征。4处特征是均线+大阳线，是突破跌势里的盘整。5处的特征虽然还少不了均线和阳线，但是均线与均线不同。

5处的长上影线是冲高回落留下的，为什么冲高回落？为什么会冲高你不必知道，为什么会回来你也不必知道，冲高时会不会回落你也不必知道，你只需要知道它是在什么情况下冲高的和涨势里回踩到5日均线拉高的，足矣。涨势里回踩均线支撑后拉高，这就是一个买点特征。

涨势里不是回踩后就能大涨的，于是它冲高回落，回落后持续震荡。又走回来震荡，震荡里你买进了要不要走，没有买进的何时买进？随着继续震荡，10日均线上移，再度出现长阴线，结束了盘整。结束盘整稍做整理后再拉一波。

当然，你怎么知道它盘整后一定会涨？没有人知道一定会涨，但是我们都知道涨势里的盘整，只有一次是真跌。这就是上涨中继的结构，请记住这一结构。

我们再看1处、2处。1处也有均线特征，2处也有均线特征。均线收拢且股价站于其上，如何分辨会不会涨呢？这就像本书的根本逻辑，不正身何以正己，不正己何以正道。

首先你得给走势正身，即它当下走势在什么样的现实性走势之中。1处、2处的均线的确收拢很不错，又的确站在均线之上，但现实环境是什么？处在前期一波下跌之中，在没有扭转的前提下，99次都是震荡整理，等待那1次跌破或突破。

当然，天外有天，人外有人，走势环环相扣是少不了的。1处、2处在前面一波跌势里，这波跌势看似一个惊涛骇浪，但是往更大级别里看，也不过是大海里泛出的一个涟漪。

这是看待走势大格局的眼光，但是走势还是要回归到当下的，任何改变都是一步一步来的，再大的涨幅也是从突破开始，小突破都突破不了，何谈大突破？所以，无论是1处，还是2处，抑或是3处，唯有打破了之前跌势中整理的格局，才能进一步谈大趋势。

当然，大趋势是涨势，与大趋势是跌势有着根本的不同。随着1处、2处的整理，分歧越来越小。分歧越来越小从哪里看出来的？看3处的均线收拢程度，看3处的K线震荡幅度。

这是大上涨趋势的大调整中的盘整格局，请记住这种特征。这一例之所以一幅图用了这么大篇幅，是因为它几乎涵盖了我们要操作的所有种类。

第二股：东方财富 300059

如图3–13东方财富所示，该股和海欣食品对比，它们的走势和节奏几乎是一样的。所谓股市没有新鲜事，无非就是涨、跌、盘整。而涨、跌、盘整的结构又千篇一律。我们来解读一遍东方财富。

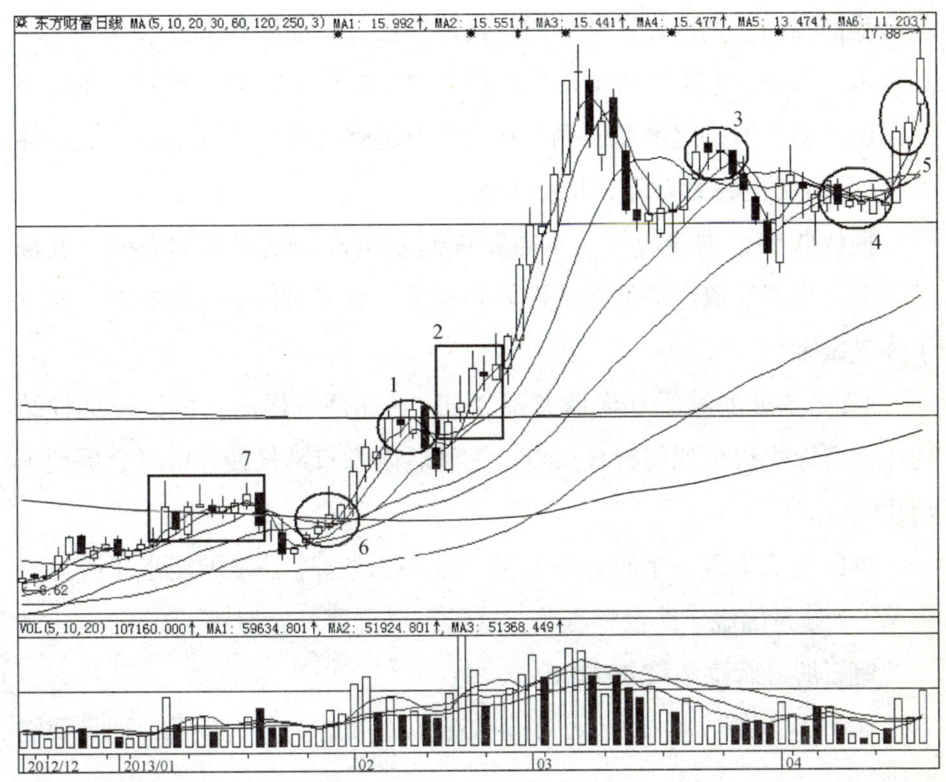

图 3–13 东方财富 300059

7 处震荡盘整后选择向下，遇到盘整，你不需要判断盘整向上，还是向下，你只需要等待它选择向上，还是向下。向下就向下，向下也正常，向上也正常。无非就是向下，你看；向上，你做。所以，炒个股看个盘，有什么好生气的？

看时向下，向下后又向上了，6 处再度站上密集均线。这里存在一种操作方法，这是一种结构，先记住。但是，更稳妥的是什么？是突破之前的 7 处的盘整箱体。突破后也就是 1 处后的下跌，下跌后再度站上，走势似与 6 处相似，但根本性质不同。

不同在哪里？那就要从突破两字开始了。既然突破意味着拉升，拉升后的，则意味着是涨势里的回调。涨势里的回调，意味着什么？涨势里的回调意味着只有 1 次是扭转涨势的，这就像海欣食品的 4 处、5 处。

这是我们要的，先记住这种结构，具体做法等后面展开来讲。

再看3处、4处，和海欣食品的1处、2处性质是一样的，在之前的回调之中，但是之前的回调又在大上升趋势之中。不同的是什么？随着整理，4处的振幅收缩，均线收拢。

振幅收缩，均线收拢，不需要你判断出来，只需要你观察。发现了，那么你就知道走势的必然性要到来了。到来时向下你就看看，向上了你就做做。

4处、5处的结果和海欣食品3处、6处是一样的，也记住这种结构，你可以先想想如何展开买点，等到后面章节班长展开讲时会更利于消化吸收。

再回过头来看一下东方财富的7处和1处。7处是围绕半年线盘整震荡，1处是围绕年线盘整震荡，这种特征需要开始留意了。

第三股：辉煌科技002296

如图3–14辉煌科技所示，其走势比较凌乱，为什么凌乱，这是我们要讲的。

1、2、3处都是跌势里的反弹，只有走出来了才能确定哪一次反弹是反转。现在再回过头来看，在跌势的反弹中，那些不断把反弹说是底的有多可笑，从他们一开始猜就注定了99输1赢。

对于跌势的股票，你不需要抄底，你要做的就是等待和观察，直到出现什么。不是盘整，而是盘整后的向上突破。

随着3处的持续震荡，收拢了5日、10日、20日、30日均线，但是60日、120日、250日均线还非常散乱，这是后来一直未能形成如海欣食品、东方财富那样猛烈走势的根本原因。各个周期的均线代表了各路筹码的成本，有分歧就走不远，整理就成为必然。这就给操作者一个最根本的启示，你如果为了前行，要加入一支队伍，是加入一支有分歧的好一些，还是意见高度统一的好一些？

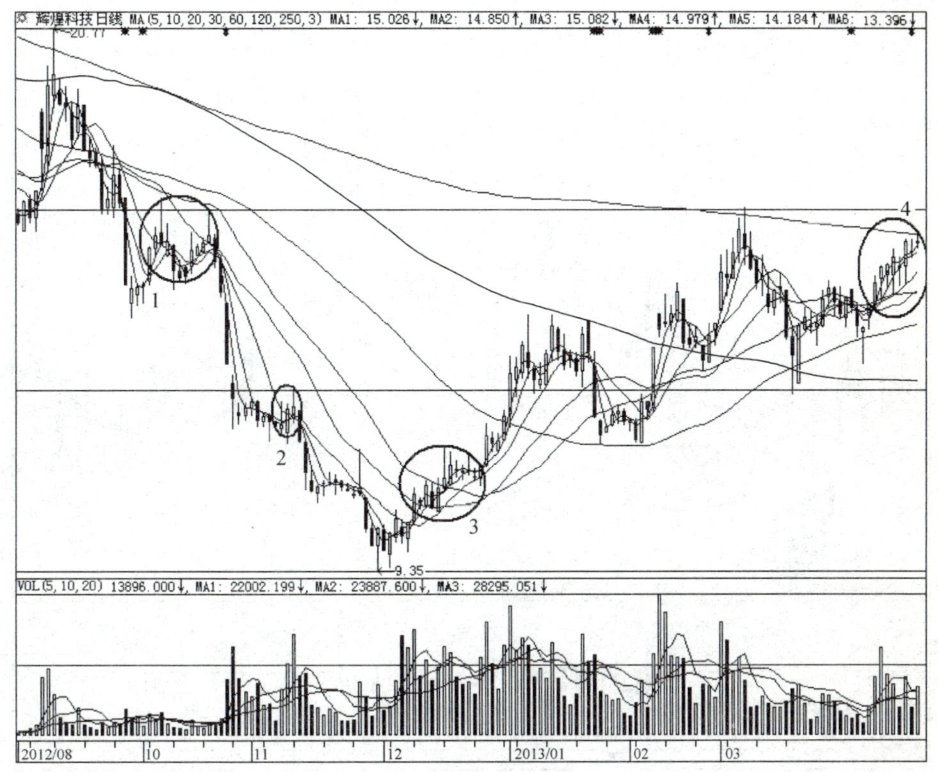

图 3–14　辉煌科技 002296

经过几大波整理来到 4 处，这里均线排列较好，面临最后一道均线压力，其他均线都踩到了脚下。就像上一节的曙光股份，这样结构的如何操作？现在你要做什么？是如何做到不过支撑就任它凌乱的整理？

第四股：焦点科技 002315

如图 3–15 焦点科技所示，它的 1、2、3 处这三处是三个不同的结构，1 处是盘整后扭转了跌势，2 处是涨势里的盘整，3 处是跌势里的反弹。而 4 处是跌势里的反弹，还是反弹后的那一次反转，你何必猜测？你只需观看。

当然，不同结构看完了你得知道哪一段是你能下手的？具备可操作的结构是 1 处之后和 2 处。这样学习下手的方法后，再面对走势，你才知道在什么地方下手。

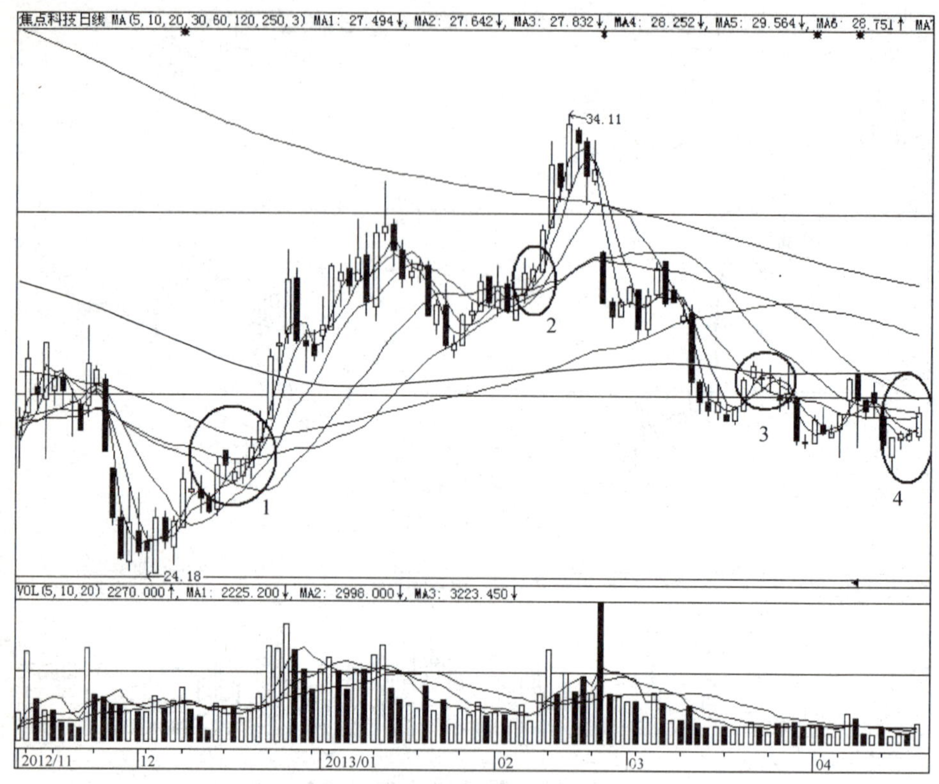

图 3–15　焦点科技 002315

第五股：水井坊 600779

如图 3–16 水井坊所示，1 处是跌势中的盘整，2 处是反弹中的盘整。

跌势里，不反弹又怎样，反弹盘整又怎样？走势什么时候反转了，你再看它，再跟它说事。这就是看股的心态。

有的操作者总是乱迷恋，学到了这里，以后你再看股，你务必得做到这样：一看走势，看有没有可操作性的结构，没有就闪人换股。

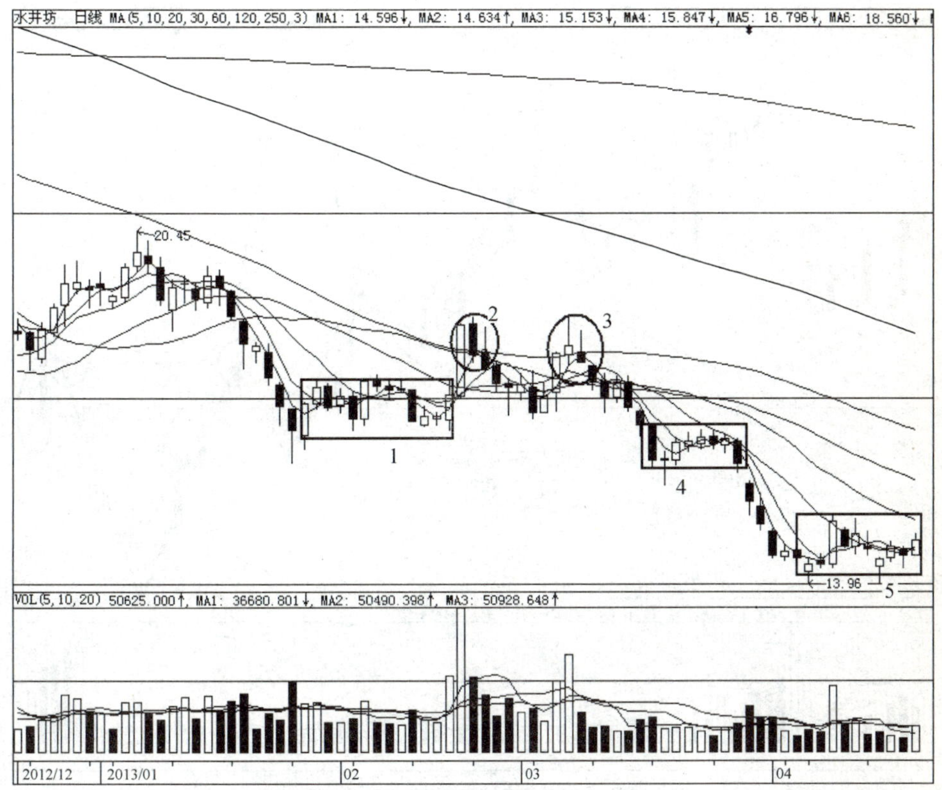

图 3–16　水井坊 600779

第六股：轴研科技 002046

如图 3–17 轴研科技所示，a、b、c 处和水井坊的反弹性质一样，其现实性都是跌势里的反弹，那有什么好看的？那么，到了 2 处就有可说的了，反弹盘整面临的可能性较之前增强，但是跌势依旧，跌势里的反弹盘整依旧，只是由之前的等待反弹盘整到了反弹盘整是否突破。

结果走出的是 3 处，不是向上突破，而是向下突破。那么又可以不看了，操作者之无情，就在于他知道他要的是什么，跟他无关的他无暇去顾及。

图 3–17　轴研科技 002046

图 3–18 是轴研科技之前一段跌势到一段涨势的走势图。

学完了前面的结构，图 3–18 轴研科技中的 4 处是什么结构？是跌势里的盘整。那么，是操作，还是看，看什么？结果跌了，连看的条件都不存在了。

1 处是什么结构？是跌势里的反弹盘整。那么，看什么？看突破。结构上涨突破，扭转了跌势，那么就到了升的阶段。这里的 2 处和海欣食品、东方财富的哪一处是一样的？

5 处的持续上影线，持续震荡，上影线持续收短，这些等待的就是打破。向下打破到了 3 处，大势不改情况下出现长阳反击，这是涨势里的回调盘整 + 再回调再盘整结构。

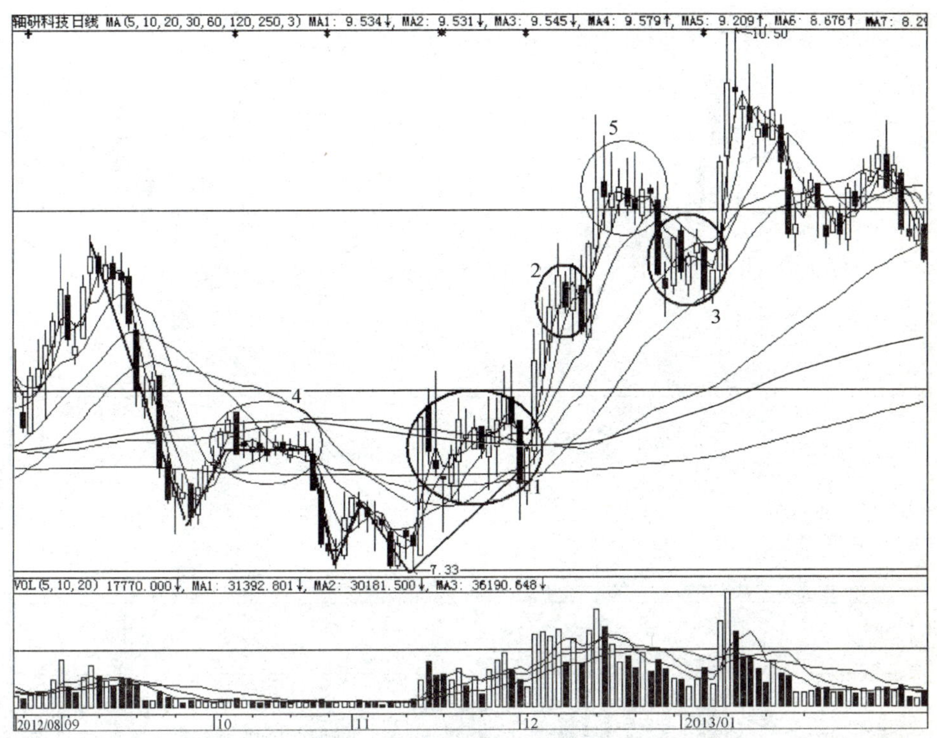

图 3–18 轴研科技 002046（涨势之前的走势）

第七股：莱茵生物 002166

如图 3–19 莱茵生物所示，1 处之前的走势我们就不说了。因为什么？不过是跌势里的涟漪，不值得你费神。直到 1 处的出现，出现了根本性扭转。1 处一字板后出现了大换手，扭转之前走势的震荡，当然有买点。

但是，这股有它的特殊性，这是外部因素刺激的，这就要求不仅要结合走势，还要结合操作、结合题材来做个特例解析，记住这类先想想，留作后面继续分析这种结构特征。

2 处的震荡，是涨势后的震荡，涨势原则里是会买的，但是 H7N9 疫情决定了它的持续性。面对不确定，买不买？这关系到如何取舍和如何应对，这时你可以想想，你如何取舍，取的话又如何应对。

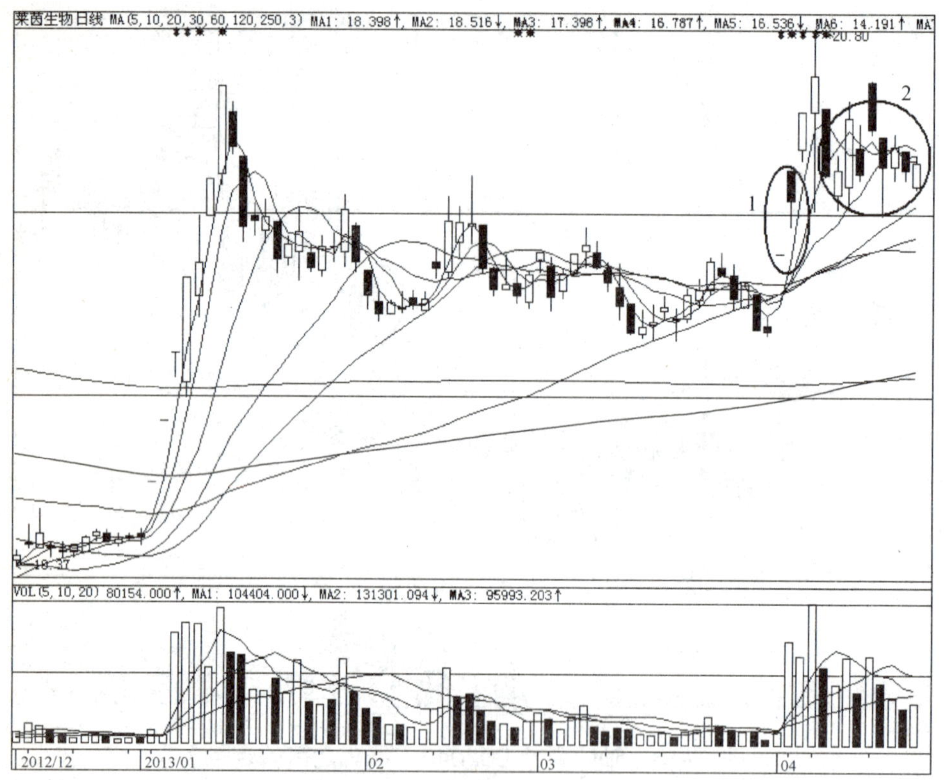

图 3–19　莱茵生物 002166

第八股：棕榈园林 002431

如图 3–20 棕榈园林所示，该股和图 3–18 轴研科技是类似的，1、2、3 处是不同的结构，这三个结构分别是什么样的？你也应该试着自己说说。

1 处是盘整后扭转了跌势，2 处是涨势里的盘整，3 处是跌势里的反弹。当然，还有 4 处，4 处与 3 处的对比是什么？ 4 处和 3 处都是跌势里的反弹，但 4 处收窄震荡在均线之上，是变盘信号，继续等待。后面放量长阳突破 3 处的高点，确认扭转。你也需要照猫画虎的练一练。学一步夯实一步，争取做到能自己厘清节奏，厘定结构。

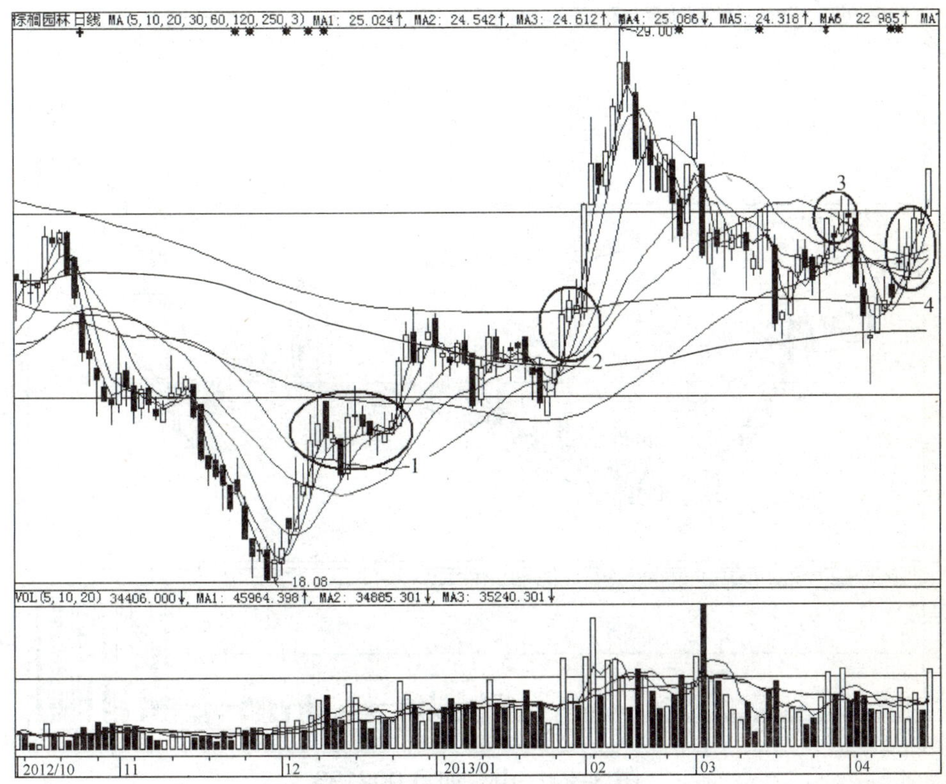

图 3–20　棕榈园林 002431

第九股：山东如意 002193

如图 3–21 山东如意所示，1 处是缓上升趋势。为什么缓？这和辉煌科技走势为什么凌乱是一样的。

2 处是假突破吗？也不能说是假突破，但是 2 处头顶的均线和东方财富盘整处的均线是一样的，也对应了 3 处的跳台中继。无论是假突破，还是无效突破，这在走势中是不可必避免的。

需要的不是你识别假突破的眼光，因为不确定性在走势中是一直存在的。这就需要结合操作和应对，这是操作认识上应该知道的，有些走势上的问题，在操作应对上解决。

4 处震荡后跳，5 处长阳反击后形成新的结构。面对新的结构你要做的是什么？先想想。

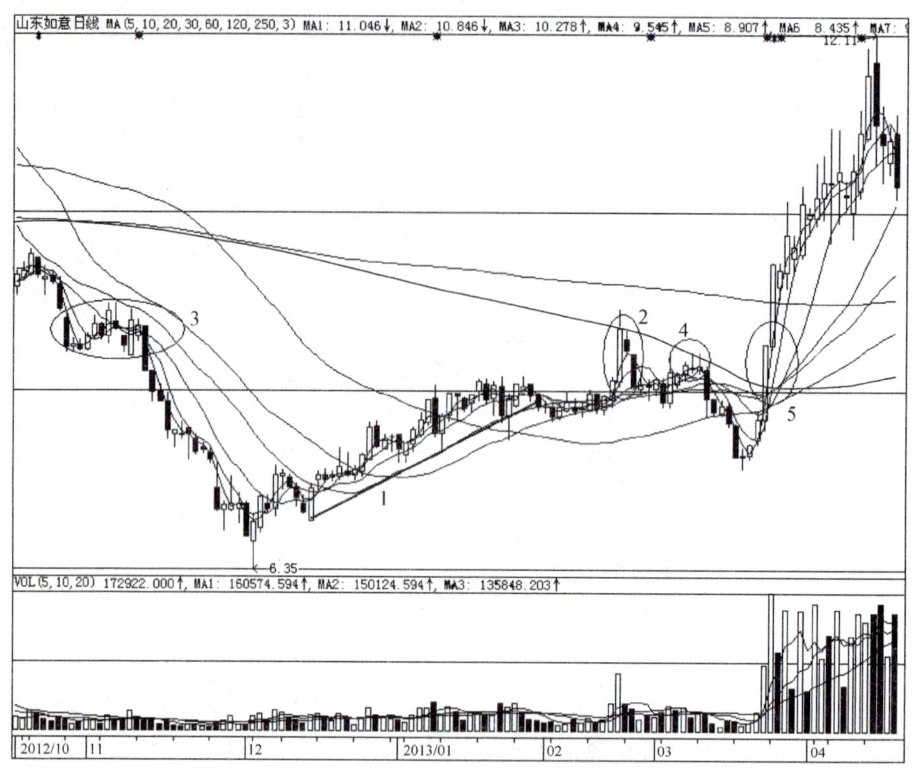

图 3–21 山东如意 002193

第十股：外高桥 600648

如图 3–22 外高桥所示，1 处跌，2 处反弹，3 处盘整，4 处突破。

跌势你不看，反弹你知道等盘整。盘整你知道等打破盘整。打破盘整是跌破，还是突破你未必猜对，但是你知道跌破就不看，突破了就跟上去干。那么，在学习如何干之前，你要做的就是干之前别提前干。

5 处、6 处同样，7 处也是这样的结构，8 处、9 处、10 处、11 处也是这类的结构，都是涨势里的回调，回调后的盘整，盘整后的突破。

走势的魅力就在于诸多可能性，无法预料也不必预料。班长例图讲的是已经走出来的，没走出来谁知道？事实上，操作的依据，也不需要你预料，同样是等走势自己走出来，走出来才有操作信号。

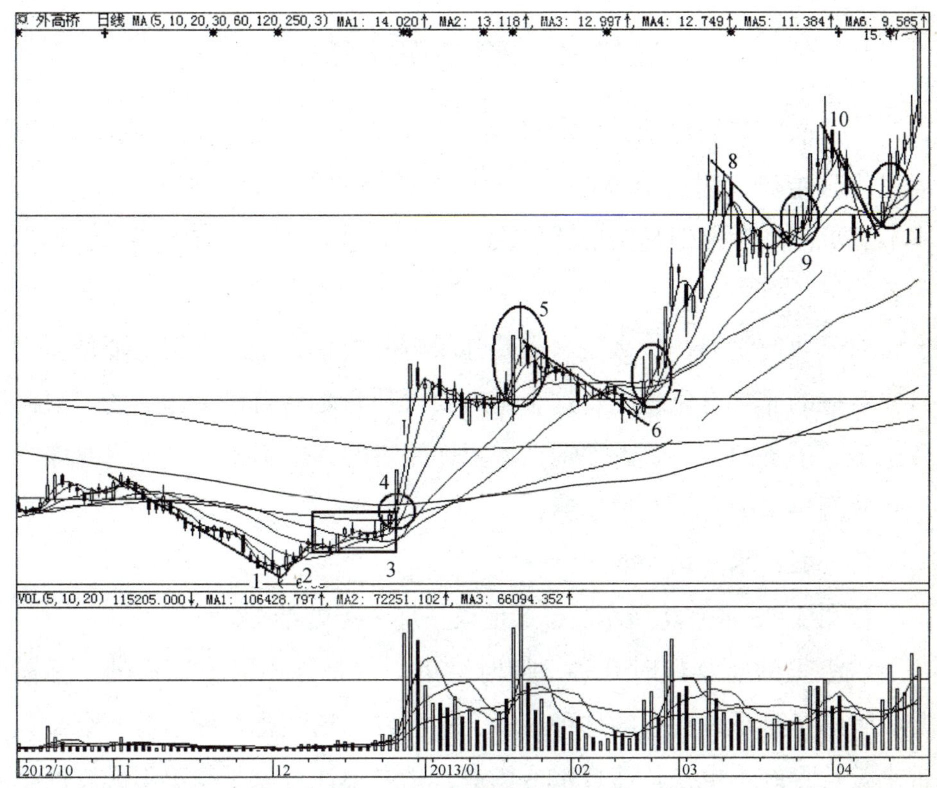

图 3-22 外高桥 600648

当然，对比一下这 10 只股，看看走势凌乱程度上还有什么特征？

前面讲到“越是有效的机会，把握起来越简单；越是鸡肋，越是伤神费脑；回忆一下吃鸡腿和啃骨头哪个更省事”，跟这个特征有没有关系？

市场到处充斥着诱惑，有些看着是肉，闻起来也香，只是吃起来不咋地……就像波段你折腾 10 次，可能还没外高桥这样一个主升浪多。

无论是厘清节奏，还是厘定结构，目的都是在铺垫机会大小。而机会大小的目的就是让操作者选择，让你选择。你想要一劳永逸地操作，还是想要费尽周折、事倍功半，甚至徒劳无功地操作，抑或偷鸡不成反蚀把米？你先想清楚你要的是什么了，你才知道你要去要什么，你才会想如何要。

第三节　明确操作机会

经过前两节的熟悉，厘清机会、厘定目标，现在的你应该起码能够通过观看走势，明白走势是否是你所要的。如果还含糊不清，不要紧，本节有巩固加深，但是是最后一次，这一节之后会进入有关买卖的具体内容。

对于我们学的，什么是只需要你了解的？什么是你不但要清楚，而且要掌握的非常有条理的？这个是需要操作者随后自己去归纳的。只需要知道、了解的，不要去深钻；需要你厘清的，你不要看过一遍就算。

我们再来把几类股过一遍：

第一股：水井坊 600779

如图 3–23 水井坊所示，6+5 是盘整加跌势的结构。

跌势里的盘整何时开始，何时结束，这是你不需要知道的。你需要了解的是这是跌势里的这种节奏，你需要知道的是这种节奏不会给你带来效益，好了也是竹篮打水一场空，稍微不注意就是偷鸡不成反蚀把米……那么你还操作它吗？

4+1 是跌势里的反弹和盘整，2 处和 3 处也是盘整，盘整面临的可能性走势一样有三种，但是盘整在不同的走势中趋向是不同的，这是你应该了解的。跌势中的盘整，只有一次是盘整后扭转向上的，其余的都是继续跌势。

那么，跌势里的股票你看不看？跌势里的盘整你参不参与？这是非常关键的，其他的你都记不住、学不会，只要你记住这一点，你就值了。主要针对新入市的操作者和有一定经验的操作者，尤其是后者。别顺风航行还没做好，就开始逆风了，记住这一点，把你的注意力用到值得你看的地方，把你的操作能力用到能给你超额回报的目标上去。

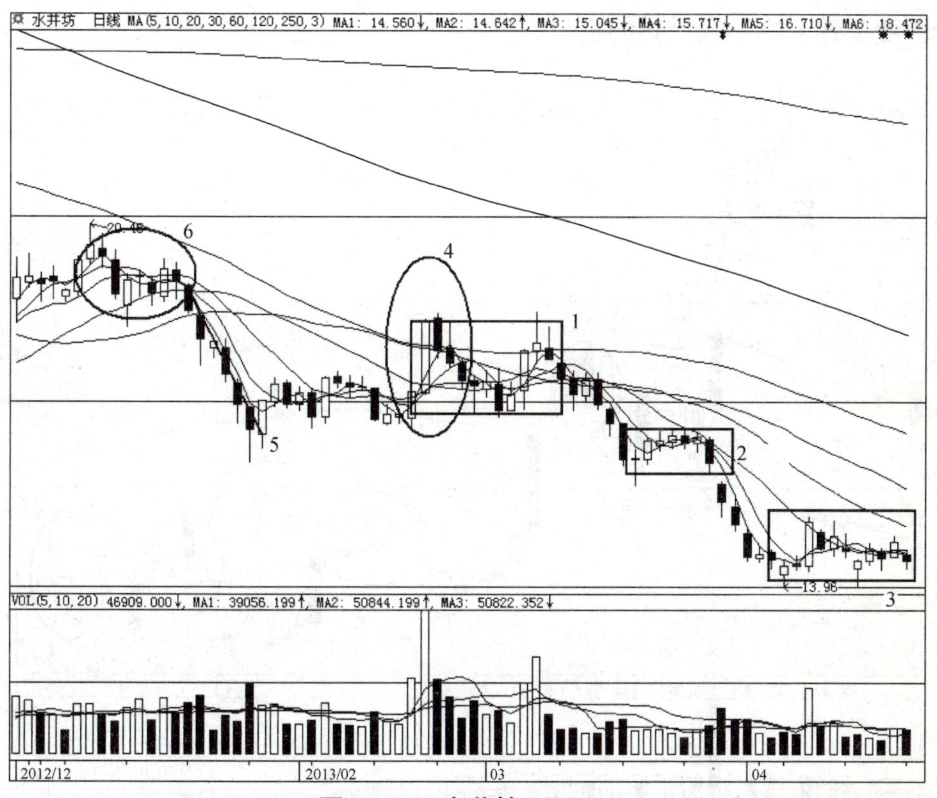

图 3-23　水井坊 600779

第二股：焦点科技 002315

如图 3-24 焦点科技所示，还是跌势的走法，你遇到这样的走势，眼光只需要停留一秒就可以翻过了。但是，走势上有些特征我们可以注意一下，那就是随着 1、2、3 处的反弹，均线逐渐收拢。收拢均线是要有反弹吗？

走势向好但并未转好，跌势里 99%是风险，但是这条均线收拢如果不是在跌势里的盘整呢？当然，反过来，别因为涨势里的盘整均线收拢，你再回到跌势里也这样干。尽管有 4 处这样的收拢后长阳，但是你务必清楚两点：

（1）就是水井坊说的针对两点；

（2）这里的 4 处收拢后是这样，但是不是收拢后都这样长阳反弹，即使反弹了能形成反转的也只有一次。

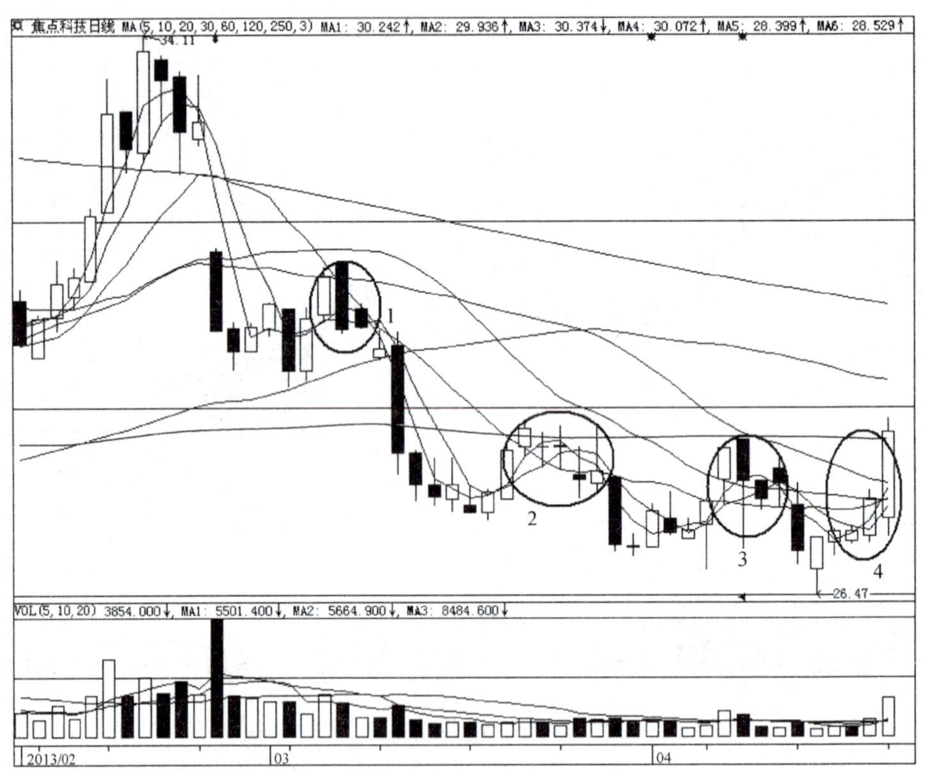

图 3–24 焦点科技 002315

第三股：海立股份 600619

如图 3–25 海立股份所示，相对于图 3–24 焦点科技有什么不同？是又递进了一步，是连续反弹，冲出了之前的下降通道，进入了盘整，盘整是一种走势状态。

任何一种走势都具备三种可能性，那么，盘整后面临的三种可能性走势是什么？必然性又是什么？

盘整的必然性就是盘整到不能再盘整，打破盘整。即要么跌破盘整，回归到原来的跌势；要么突破盘整，进入到新的上涨趋势。

如果说水井坊这样的看都不值得看，那么注意水井坊这样的是指什么样的？不是指股票本身。股票本身是没有好坏的，逻辑上一定要清晰。没有好股票，也没有坏股票，有的只是在走好或走坏的股票，以及正在走好或开始走坏的股票。

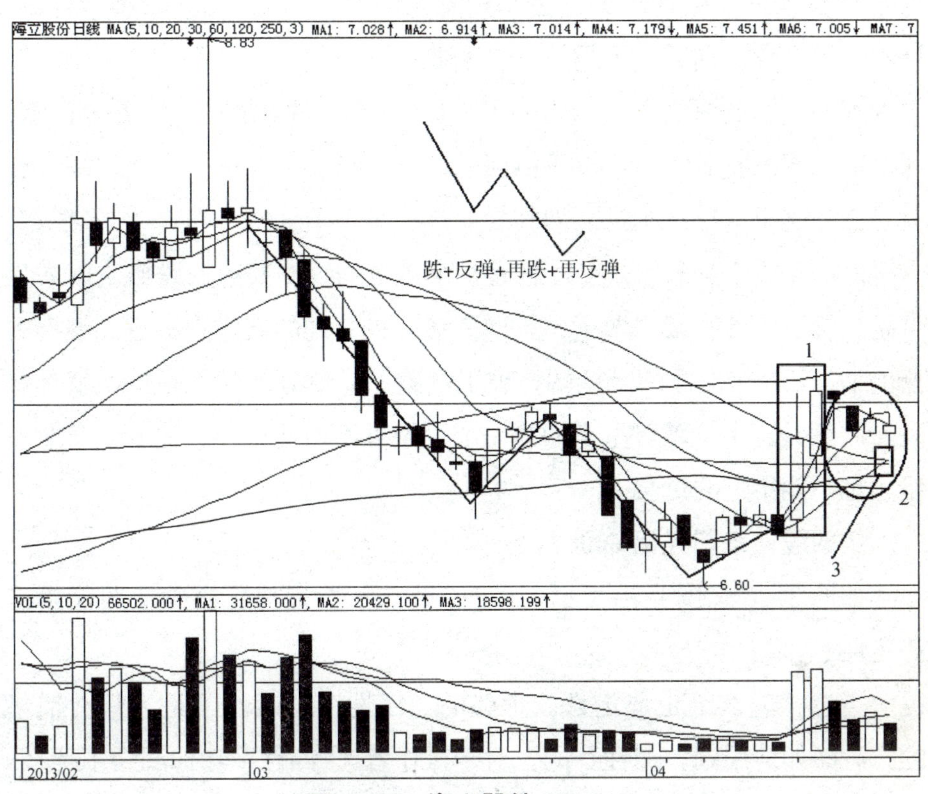

图 3–25 海立股份 600619

水井坊这样的是指空头排列里的跌势，这样的不值得看。焦点科技这样的你也许有能力看到反弹的信号，但是不去疲于奔命，养精蓄锐或者有那精力去操作更好的目标了。那么，到了海立股份这样的（指处于下跌反弹，冲出下降通道后的盘整状态），你就可以看看了，甚至你都可以做做了。

为什么说可以做做了？跌势里的盘整是风险远远大于机会，涨势里的盘整是机会远远大于风险，而突破跌势后的盘整则是一半一半。

既然要做，怎么做？首先要明确的一个原则是什么？就是不做跌势的股票。那么，回到扭转跌势的盘整或者涨势中的盘整里，就是盘整里买，但是不能向下跌破盘整。举个例子，A 点是低点，C 点是高点，B 点是盘整点。你在 B 点买进去，只能允许的是不能低于 B 点，要么你保本，要么你获利，亏损的持仓决不要。

那么，回到海立股份的走势中，1 处突破原来的跌势后，2 处回落，回落能否回踩有效？你可以等待回踩结果，结果出了机会更确定；不出，就是 2 处这里支撑点买进，面临的就是一半一半。

2 处这里是一个什么点？它是一个三重均线支撑点，跌破它就防无可防，等于 1 处突破失败了，重回跌势。在 2 处的支撑点买进，继续震荡的话，2 处在支撑的最低端，破了就破了，不破那你不是保本就是获利。注意，这是从跌势里来的第一个可做可不做的机会，还不是宁愿做错，也不能错过的机会。

第四股：东阳光铝 600673

如图 3–26 东阳光铝所示，1 处是什么？看走势你必须一眼能给走势定性了。

当然，怎么给走势定性？走势的“四性”，“四性”是为什么铺垫的？后面如何用到“四性”的？对于操作者，“四性”让你明白了什么，理解了什么？如此，你面对乱花渐欲迷人眼的走势时，才能准确地挑肥拣瘦。

那么，看 1 处之前的最简单问题，就是为什么不看 1 处之前的？你自己给自己说说。

1 处的上攻走出了原来的跌势，不在跌势的股票才配你看。和前面的海立股份一样，走出后在步入新的涨势以前，这样的机会你可以把握，也可以不把握，因为走势面临的风险和机会是对等的。

但是，若要把握，原则就是逢最有效的支撑低吸，最有效的就是突破时面临的最大阻力，一般就是双重，甚至是三重均线，像图中 2 处对应的两个低点，前者是在 5 日、30 日均线支撑区，后者是在 30 日、20

日均线支撑区。

但是，这里你务必清楚你参与的风险比是一半一半的，别以为你低吸后赚钱是大概率，只能说如果走势继续盘整的话，你最有优势。走势在不同情况的每一处，你必须运用你所学的“四性”，配合结构厘清风险与机会，所谓运筹帷幄，决胜千里之外。作为操作者，不要求你必胜，但是你一定要对自己的交易有清晰的认识，就像两军对垒，你都不了解敌我力量及形式，你说你这将军能指挥吗？

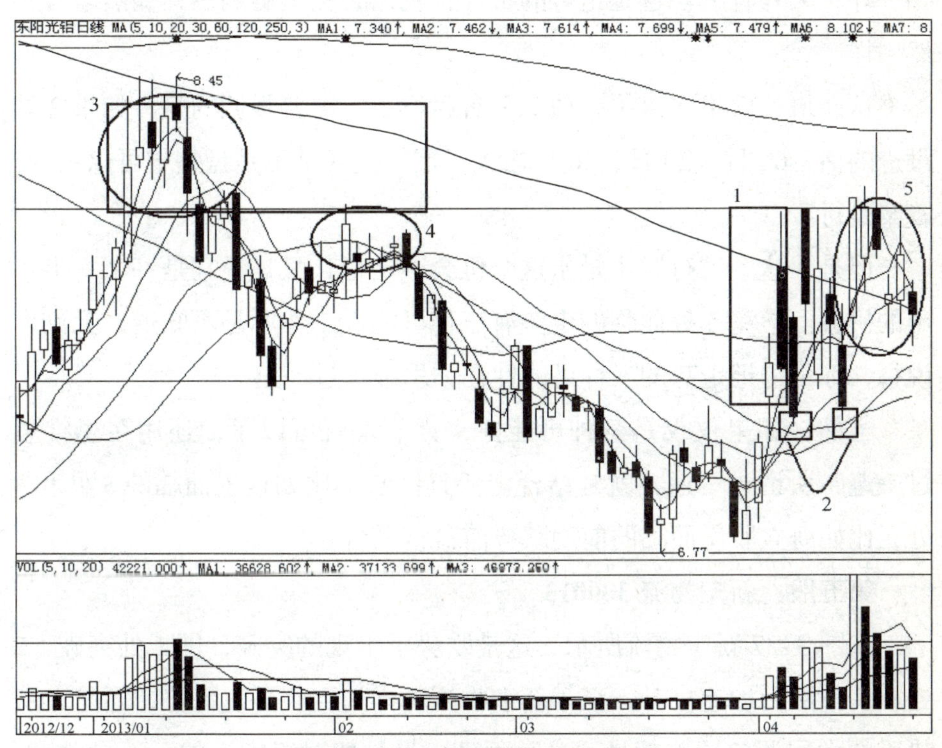

图 3-26 东阳光铝 600673

当然，对于决胜千里之外，究竟能不能胜？做了上面的功课之后，决胜就是绝对胜了，这个绝对胜是应体现在后期的应对原则策略上，而如果没有前者，又何谈后来？这和我们学习是一样的，你必须一步一个脚印，你没有把前面的内容学会，甚至走马观花都未能走一遍，就要在这一节提出问题，你觉得你提的问题是问题吗？这是强调2处两处介入后，必须要有的认识，而不只是看到介入后的大涨想好事。

那么，再看5处，为什么5处冲高回落？为什么1处冲高回落？冲出了原来的跌势，但不意味着步入了新的涨势。又是1处又是5处的持续宽幅震荡，原因就在于前期的头部压力，也就是3处。4处是反抽的3处。

如果再放大走势，3处又不过是反抽一个更大的盘整。当然，一环扣一环，天外有天，这是走势的特性，就像必然里有偶然，偶然里有必然一样。

这些班长就不多讲了，认识上有就行了。需要强调的是，如果2处没进的话，60日、20日、30日均线三重均线区是不是盘整中可以买的？答案是行。

但是，这个“行”不是指这个机会一定行，只是说它是一个一半一半的机会。毕竟5处面临的走势有三种可能性，你不是不知道，无论谁说行，你都得把走势的三种可能性在你思维里过一遍。

当然，如果仅仅是三种可能性，背下来就可以了，还用在思维里过一遍？所谓过一遍，就是结合走势具体看，比如这里面临的3处和4处，比如海立股份面临的前期跌势前盘整平台。

第五股：新宁物流300013

如图3–27新宁物流所示，这是跌势里出现的突破，即1处突破，2处震荡，然后加速拉升。至于新宁物流这样的到底是说跌势，还是大涨势里的大回调，这些都是“名”而已，只是相对级别说的，不是关键，关键还是结合当下的走势。

3处也有突破密集均线，也有拉升加回调的节奏，可是如何能区分1处和3处的机会强弱？注意3处大阳的上影线，且后面一直未创新高，这就意味着冲击到压力位后面临选择，而1处大阳之后连续出现新高。

面临选择，就是未结束，它不像前面的海立股份或东阳光铝。海立股份和东阳光铝，起码是实体长阳站上去以后的了。当然，新宁物流也不是要你在 1 处就能抓住机会入场。

追求 1 处这样的买点，结果只能是让你在 3 处这样的机会中死过好几回。

稳妥的、适合大众买点的，它就是明确走出的。2 处买入也许错过了一截利润，但是对于弱势操作群来说，这是最佳的选择。

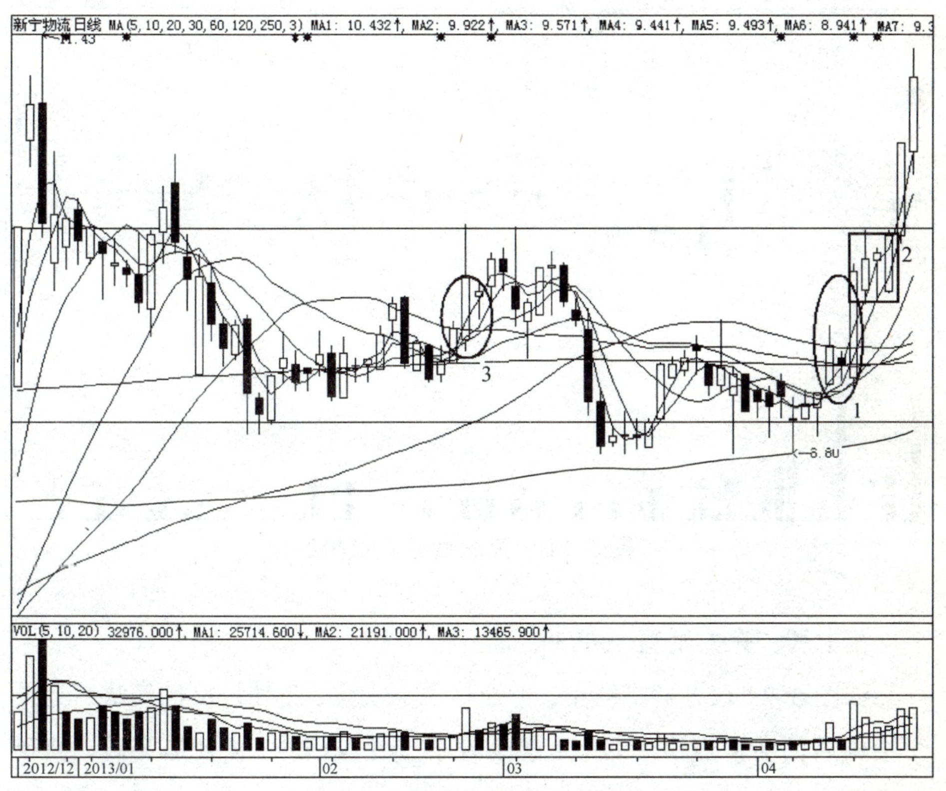

图 3-27　新宁物流 300013

那么，怎么买？看看 2 处特征，还是回踩均线，3 日、5 日、10 日均线是首选。3 日均线太容易回踩到，10 日均线未必回踩到，5 日均线较折中，后面有更进一步具体量化的讲解。

第六股：海欣食品 002702

如图 3–28 海欣食品所示，该股走势结构和上一股新宁物流是一样的。

（1）面临前期高点，面临三种走势，长阴确立了反抽；

（2）未创出 1 处新高；

（3）震荡收窄；

（4）长阳突破，走势确立，和新宁物流一样的买入信号。

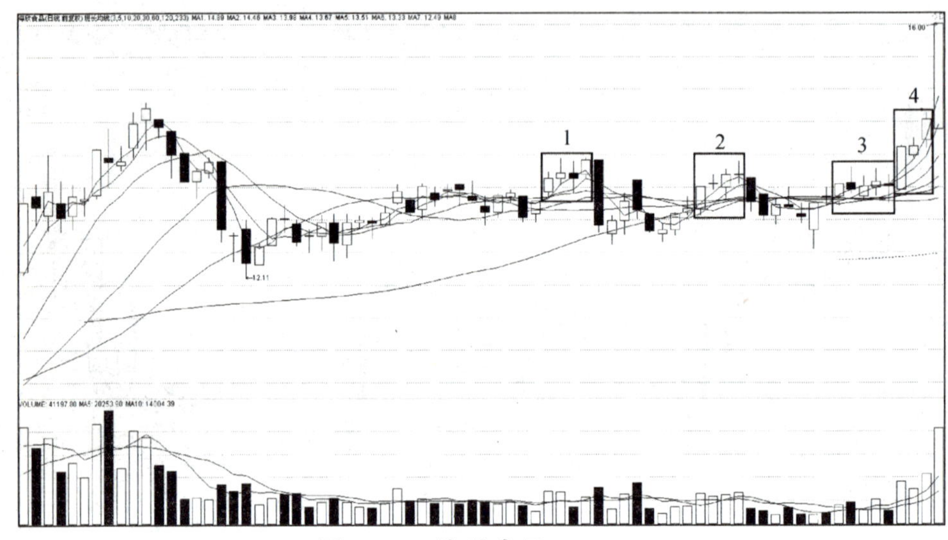

图 3–28　海欣食品 002702

第七股：东方财富 300059

如图 3–29 东方财富所示，1 处是顶部卖法；2 处是反抽卖法；这两个结构后面会重点讲。3 处是震荡收窄，变盘信号；4 处是突破，打破盘整选择方向。

不是所有选择向上的你都要参与，注意回忆走势的现实性与可能性的逻辑，一旦走势的可能性中的某一种变成了现实，那么现实就会面临新的可能。

4 处这里虽然突破向上了，但是不意味继续向上，很可能从一个盘整到了另一个盘整。这就要注意前顶，这关系着可操作空间，这方面内容接下来会结合几个例子具体讲。

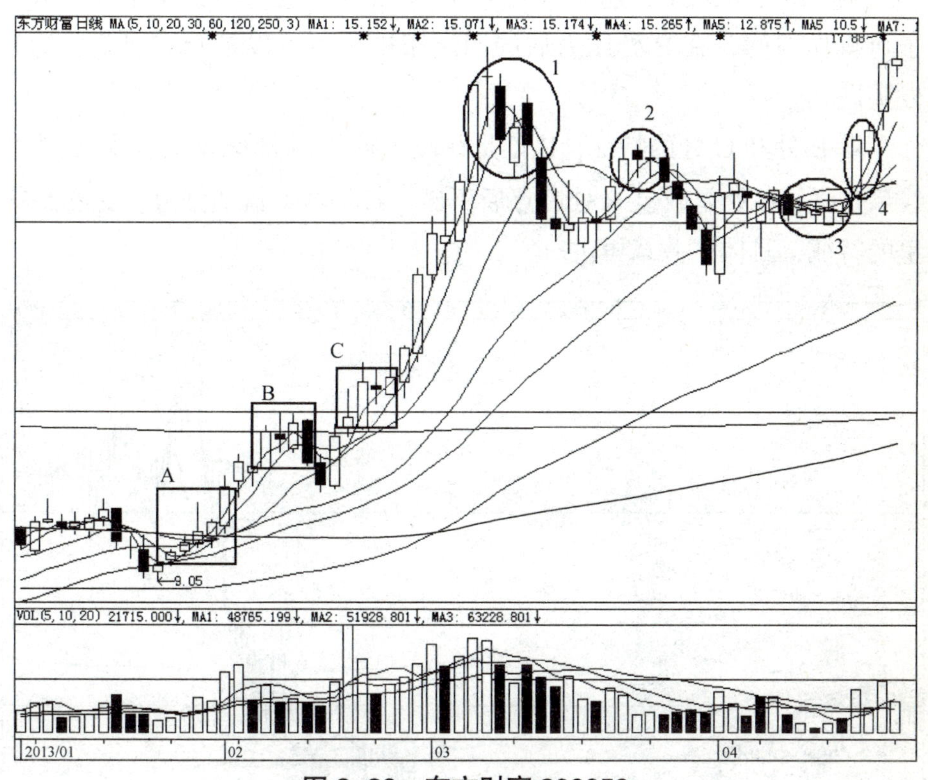

图 3–29 东方财富 300059

我们再看东方财富更全面的走势，如图 3–30 东方财富所示。

图中 1 处这波缓上涨，结束的是之前的跌势；2 处是结束之前跌势后的盘整。

盘整你可以介入，但是介入面临的机会和风险比你得清楚，并且知道当走势与你心想的背道而驰时，你要做的是什么。

2 处盘整你就下手，选择向下走出 3 处，你面临必不可少的止损。但是，3 处再度收复走势后，你仍旧可以选择介入，之前等待变盘后再介入的，看到走势再度走好后也可以介入了。

当然，4 处也是一个调整，具体我们回看刚才的图。A 处再度站上密集均线，站上密集均线后一路缓涨，缓涨后中长阳收复前期高点，新的涨势确立。

剩下的是介入了，逢支撑买。当然，也可以是你看到半年线，结合了可操作空间，在B处压力后的回调跟进，更可以是介入回调后的C处买进。

看B处和C处的特征，B处是跌破5日、10日均线，不破20日均线后走强，C处是收复B处高点后不破5日均线，说明强势。先熟悉这里的特征，具体下一章再讲。

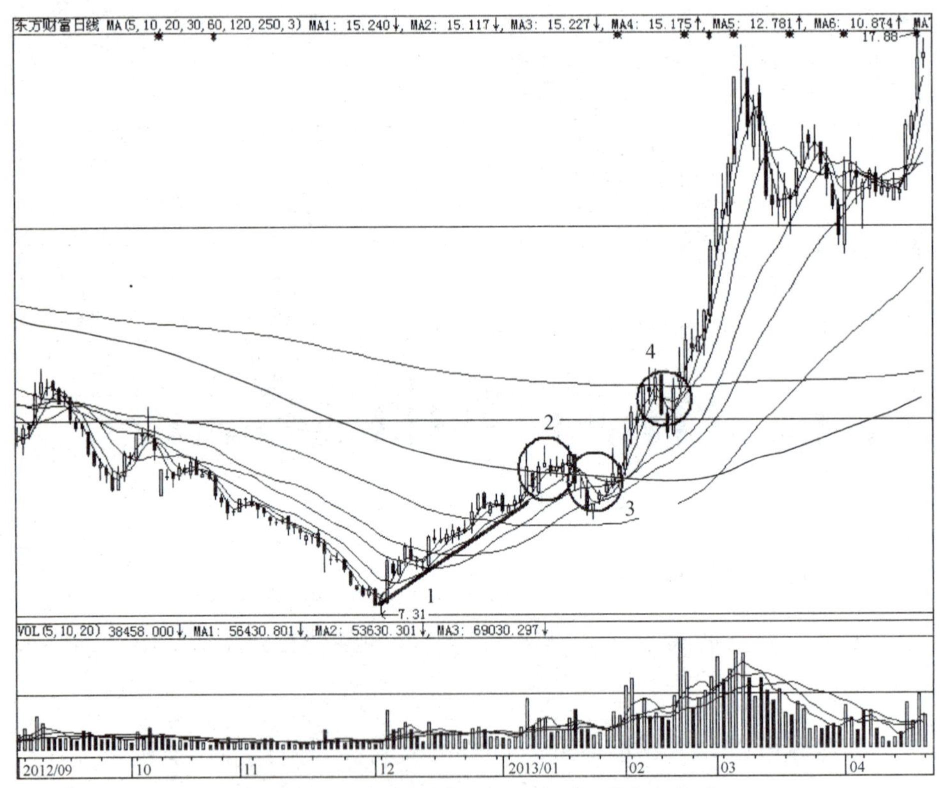

图 3-30　东方财富 300059（后续走势）

第八股：华策影视 300133

如图 3-31 华策影视所示，股票，没有好坏；股票，也没有行不行！有好坏的只是在不行的时候你买了它，在行的时候你又不要了它。

1 处是之前一波跌势后的扭转。大结构你一定要会看，这是看过去走势。

如果是当下的，当下的走势是不是跌势，是跌势就不看了，不是的话，看是不是跌势里的盘整，或者看是不是扭转了跌势，或者再看是不是涨势，是不是涨势里的盘整，如此三下五除二的厘清走势，是不是值得看，又是不是值得操作，操作了怎么操作。操作不就是这么简单的事情吗？心态在哪里？就在你心明如镜的操作思维逻辑里。

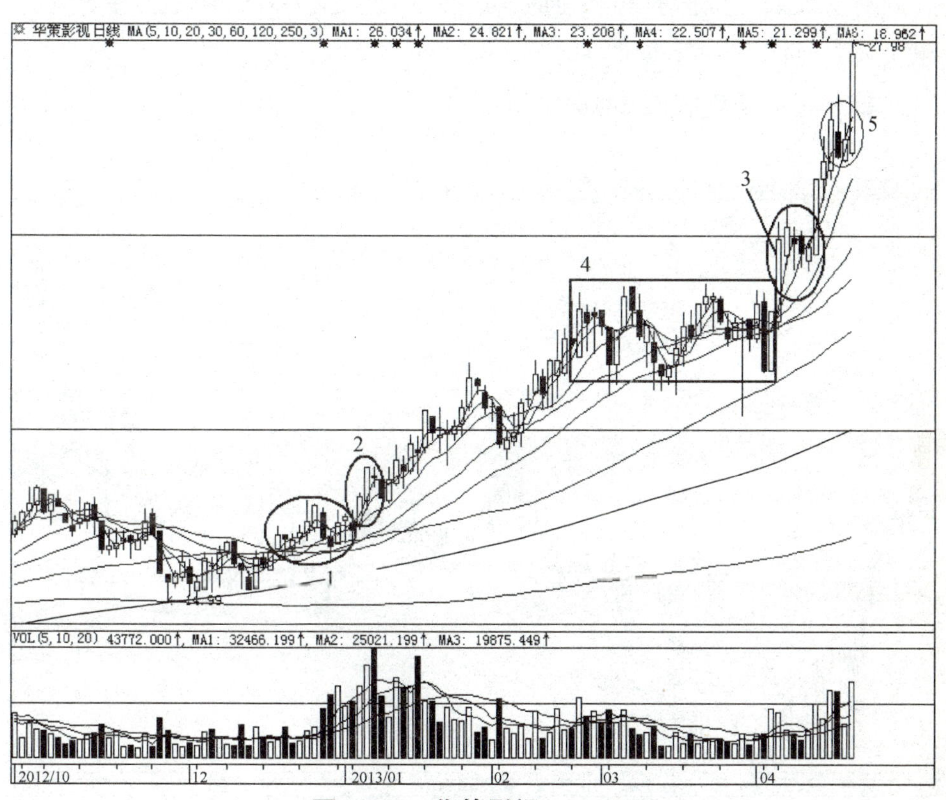

图 3–31　华策影视 300133

4 处盘整。对于盘整，像这里的又是大阴大阳的怎么应对？首先你可以不参与盘整，无论是涨势里的盘整，还是跌势里的盘整，你都不知道它究竟要盘整多久。所以，最好是等出现结束盘整信号了再介入。

其次，你若要选择盘整里参与，就意味着了选择了不确定的交易命运，你就要为你的选择负责，你就注定要在不确定中奔波，你就要在大阴、大阳的惊涛骇浪里掌舵。

其他还有什么要说的，不能掌握就退出，等确定的。那就是 4 处之后的 3 处逢支撑买入。也许买入后的利润段很短，甚至进去刚尝到甜头就没了，甚至卖的慢一点儿就是平手出局了，但也比在不确定的惊涛骇浪里逆风逞强要强。

对于 5 处，分持股和不持股，即在 3 处已经买入的和是否在 5 处这里买入，具体下一章再讲。

第九股：传化股份 002010

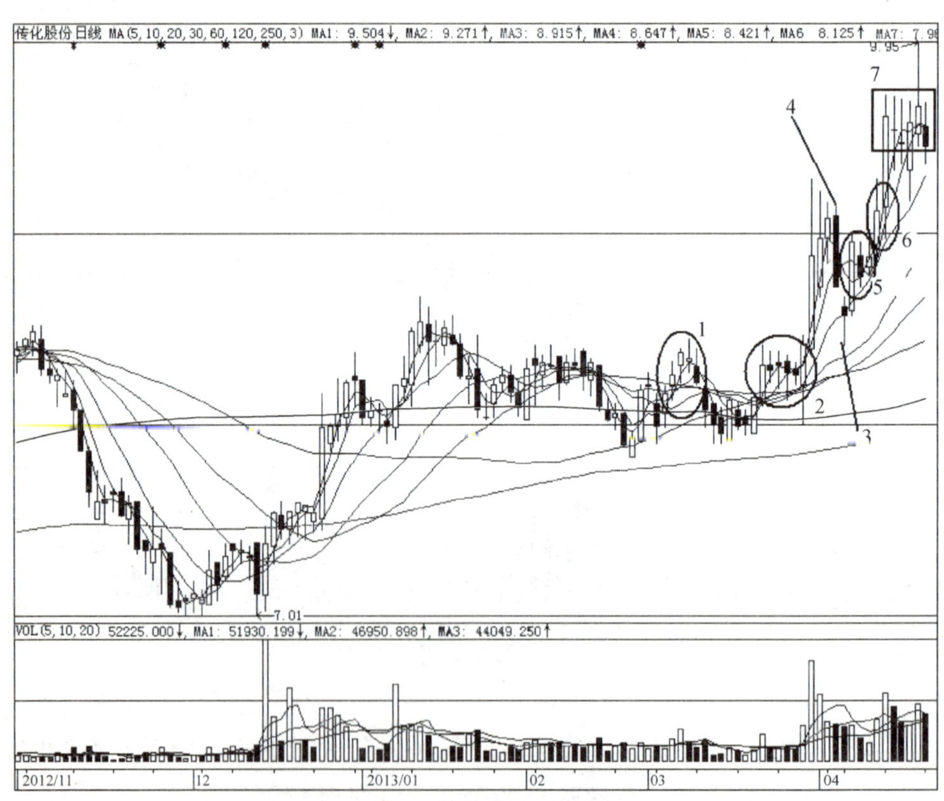

图 3–32　传化股份 002010

如图 3–32 传化股份所示，1 处和 2 处的区别是什么？区别并不能作为依据，只是一个观察信号。依据一定是走出来的。

2 处之后出现突破；3 处、4 处分别是回踩 5 日、10 日、20 日均线的买点。

你怎么知道它不会跌破 20 日、30 日均线？你不知道，班长也不知道，但我们知道新的涨势确立，涨势里的回调只有一次是真跌。

5 处是回调后的上攻，但未收复前期跌势；6 处是收复了前期高点。如果 4 处、3 处没买的话，5 处、6 处怎样买？

7 处盘整不是买点？如果在 3 处、4 处或者 5 处、6 处买的话又怎么应对？

最后，涨势里涨很正常。的确很正常，就像跌势里跌，亏钱很容易一样。你是想正常的获利赚正常的钱，还是不走寻常路最后落个遍体鳞伤又抱怨没有一个正常的回报？

如何在走势和思维逻辑里找到平衡点，这是你在复习内容时应该从中平衡的！

班长答问——

问：在第二节中焦点科技的 2 处和海欣食品 1 处、2 处不是都处在前面一波跌势里吗？虽然它们都处在大涨势里，为什么焦点科技的 2 处说是涨势里的盘整，海欣食品 1 处、2 处是跌势里的盘整？

答：海欣食品虽然还在涨势，但却跌破了上一波涨势的上升通道。

其实，归根结底是说法的出发级别不一样，前者是大涨势里的盘整，后者是从这波跌势开始，小级别里的。

第四章

理顺买卖逻辑
提高操作效率

- 最有价值的买点
- 买卖的基本逻辑
- 最灿烂的花期

操作股票要想有好的收益，必须是在对的时间选择对的目标，采用对的方法。

但是，人性使然，往往容易得到的不知道珍惜，越是容易看到的越不仔细看，越是不容易抓到的越要拼命追逐。说是人性使然，实则不识自己。

前几章看似毫无实际，实际却是内功，是让你在逻辑思维上不会进入被动地步的内功，而后才是不死中求胜。

第一节　最有价值的买点

第一股：焦点科技 002315

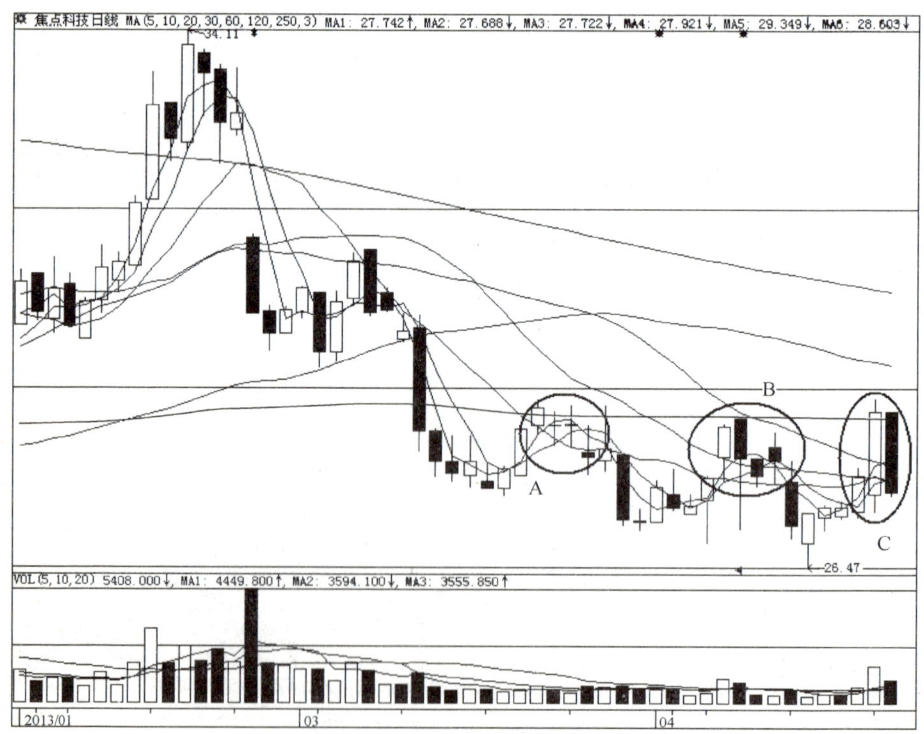

图 4-1　焦点科技 002315

如图 4–1 焦点科技所示，看 C 处，比较 A 处、B 处。

我们已经知道均线收拢不意味着反弹，反弹了不意味着反转。所以，记住上一章说的，跌势里的股根本就不值得你看，更不用说操作，放弃该放弃的，别因为某次反弹被你猜到了就沾沾自喜并且忘乎所以。

第二股：海立股份 600619

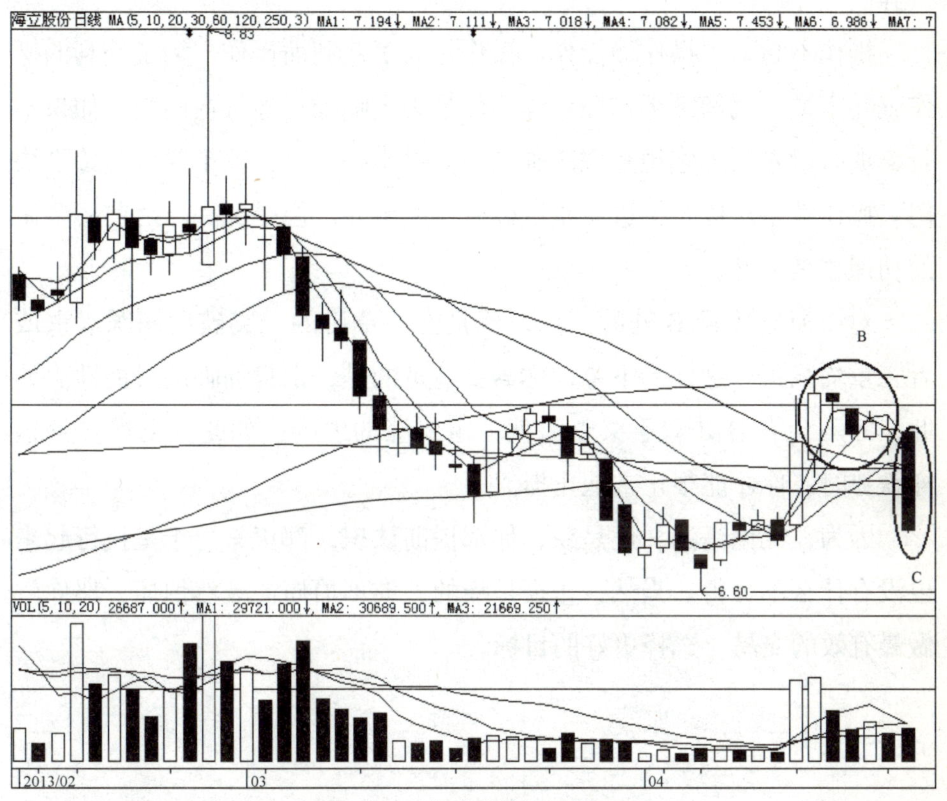

图 4–2 海立股份 600619

如图 4–2 海立股份所示，如果说跌势里的反弹不可预测，即使可预测也不可操作，那么冲出跌势后的盘整，操作性要较跌势里的反弹强很多。但是，并不意味着你就要操作这样的，因为这样的胜率只有一半，除非你既要操作，又选不到更好的。

当然，海立股份B处之后，未必都是C处这样的走法。

是不是C处这样，跟大势，跟消息，跟个股自身都有关系，这些关系错综复杂，分析起来费神、费力。搞对了，喜之；搞不对，赔了夫人又折兵；那你为什么还要搞？

如果既选不到更好的（什么才是更好的后面会讲到），又要操作这样的，那么唯一条件就是大盘在涨势里，你才可以操作这样的，否则就放弃。

操作不是为了操作而操作，操作是为了获利而操作，为了获利的操作就要审慎。就像摄影拍照一样，你是为了啪啪啪地按快门吗？如果不是，那么就先构思你想呈现的画面；如果不是，那么就不要着急按下快门。操作就是这样，买进只是鼠标一点的事儿，但是那一点之前所要做的功课才是关键。

对于海立股份B处的买点，就是上一章讲的，突破后回踩双重或者三重均线买。这样的下单，你需要清楚的是，走势面临的可能性。如此，才不会有B处双重买点后就一定要涨的思维；如此，出现C处这样跌势时，你才能很正常地止损。

因为，无论是涨，还是跌，你都提前认识，都正常，于是执行起来也没有什么不舍得。当然，止损是痛的，谁不怕痛？既然怕痛，那你就做最有效的交易，选择更好的目标。

第三股：东阳光铝 600673

图 4–3　东阳光铝 600673

如图 4–3 东阳光铝所示，前面在海立股份上说了，B 处之后未必都是 C 处的大跌，但是也不意味着不是 C 处，就都是大涨。如同东阳光铝的 1 处之后是大涨，2 处之后是大涨，3 处之后却是大跌。

太阳没出来以前，很可能要阴一天，甚至还要下雨；但是，太阳出来了，也不意味着不会再变阴、下雨。

走势具备这么多的可能性，怎么办？错综复杂的事情并不要求你一定要怎么办，你完全可以只看不办。

东阳光铝这样的走势和海立股份一样，你可以按照突破后的回踩支撑买，但是面临的可能性是什么？涨、跌、盘整。三者是否有客观的看待？持续盘整怎么办？跌破了止损是否能执行？

没有这些前提认识，你仅仅是按照双重或者三重支撑买进，那么你用的方法跟班长教的毫无关系。

无论盈亏，决定操作结果的，不是大势环境、操作技巧，而是从你一开始选择操作目标就决定了的，如果一开始选择目标 OK 了，环境和技巧这些，只是关系着你的操作能否锦上添花。

接下来，我们讲最有操作价值的两种类型。

第四股：海欣食品 002702

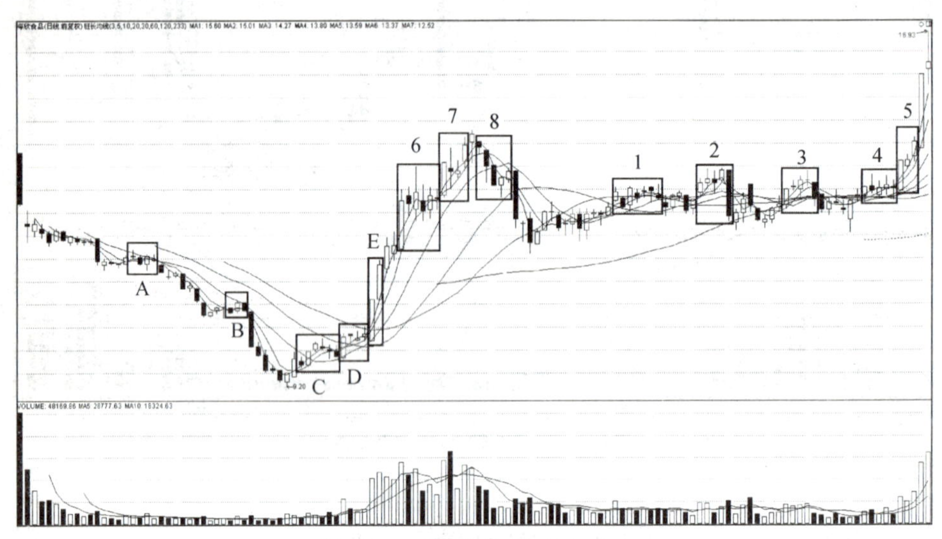

图 4-4　海欣食品 002702

如图 4-4 海欣食品所示，我们看海欣食品全部走势图，结合我们讲的结构，值得你看的是什么？值得你操作的又是什么？

不值一提的是跌势，下降通道，空头排列；只有冲出了下降通道，盘整短期平台的才值得看；值得操作的有前面海立股份那样的，但是最值得操作的只有已经步入上涨的和上涨趋势里的盘整。

也就是说，海欣食品中的 A 处、B 处，直到 C 处，最多只配你看 1 秒。C 处反弹盘整后，出现 D 处的进一步反弹盘整，然后出现了 E 处的长阳，宣告结束盘整，摆脱之前的跌势。

新的上涨局势打开，何时入场都没错。

因为，新上涨趋势里只有一次回调是真正的下跌扭转，何时入场都不错。但是，为了避免你一追就遇到短期强震而受不了，还是尽可能依托均线买。

买不着你就去追，但追面临的可能性你得清楚，为什么不说控制仓位，而是说可能性？因为可能性清楚了你自然知道如何追。

首先，追高怕不怕？当然怕一追就回调，但是你不能凭白无故地怕，扭转涨势的回调只有一次。

其次，追高后，回调了怎么办？要不要留资金准备回调买？

然后，那要不要不追，都等回调买？但是，如果又不回调了呢？

最后，万一扭转涨势的回调来了，你该怎么办？

如此逻辑推想，结果自然有了。一是要追；二是不要全部买，留些回调买；三是止损设定；四是按照预期结合走势执行交易。

结合海欣食品就是E处出现突破扭转后随机跟进，留作回调5日均线买的，没有就不跟进。

当然，你把预留的仓位分成三份，到3日、5日、10日均线也行，如果你觉得不麻烦的话。这里5日均线并不是一个定值，你可以根据实际情况变换，唯一不能变的就是买进原则。一定是在什么前提，什么基础下？

再看6、7、8处这三处。如果E处追进了，到了6处震荡，和空仓观望看6处震荡，是完全不一样的。

6处震荡盘整，面临的是必然打破，因为是涨势里的盘整，涨势里盘整后选择杀跌的只有1次，其余99次都是再度上涨，所以你可以6处里逢回踩支撑买进。当然，你要更稳妥的也可以，等待打破6处盘整，就是7处长阳出现后。

是的，7处买进后就涨了一点儿。但这是走出来的，没有走出来之前谁知道要涨多少？你唯一知道的就是新的涨势打开了，你能做的就是按原则办事，结果交给市场，也是之前说的尽人事，听天命。这个尽人事，就是对的时间、对的目标和对的方法。

那么，对于E处跟进的，面对6处震荡盘整，也是要懂得盘整的必然性之打破盘整，不同之处是在等走势打破盘整。打破向上继续让利润自己照顾自己扩大，打破向下就离场。

怎么离场？这是卖点，和8处一样，这里先有个印象，留到后面两节班长再展开讲。

这是上涨段，再看上涨段里的盘整。

什么叫上涨段里的盘整？就是跌破原来的上涨段后再度震荡收拢均线。量化标准不是画趋势线，趋势线画起来太乱，一个人一个画法，而均线直观清楚。

1、2、3处都有收拢均线，收拢均线但面临8处压力，需要走势去扭转确认。

4处也是一样，不同的是4处之后出现5处的上攻，突破了之前的1、2、3处，宣告打破这段盘整。

宣告打破盘整，但是没有突破前高，是不是要进？首先，宣告打破盘整；其次，股价均线多头排列展开；这是买进的必要条件，符合则进之。而面临前高，能不能突破，只是可选项？

为什么1、2、3处那里不能按这样的逻辑？这是前人栽树，后人乘凉。如果不是1、2、3、4处的整理，也不会有5处的中长阳，这也是一段涨势结束出现跳水，但未改变大趋势时需要观察的。观察能否反击回去，或者观察能否半道撑住，这种半道整理盘整的就是撑住的。

第五股：新宁物流 300013

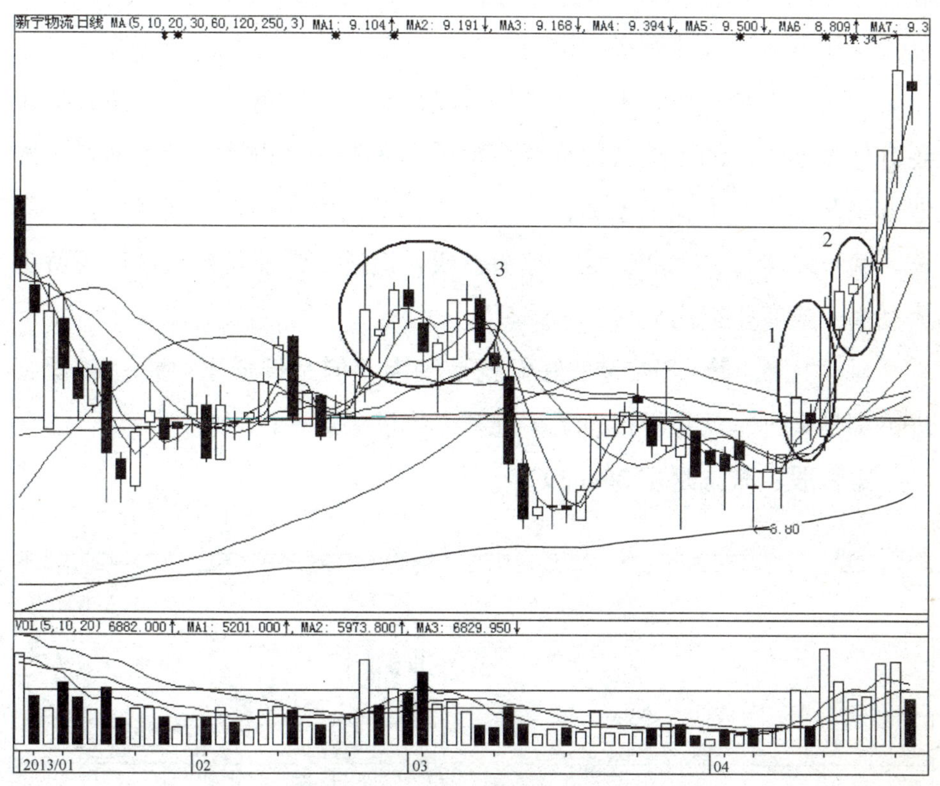

图 4-5　新宁物流 300013

如图 4-5 新宁物流所示，之前也是一段涨势，涨势结束你是可以从走势上看出的。而盘整如何看出？这是不需要提前看出的，就像刚才的海欣食品 8 处卖点出来以后，就是清空持仓观望了。

观望什么？走势的三种可能性，看它是再度上涨、下跌，还是盘整。

盘整不需要预测，只需要你观察。新宁物流下跳后没有持续跌，围绕均线上下震荡整理，3 处出现了第一波反弹。

长阳时要观察是能否收复前期的跳台，就像海欣食品的 1 处能否收复 8 处。否则就是反抽。长阳留下上影线，更是说明了压力，那么就继续观察。

观察，无论是盘整，还是下跳，都不需要预测，只需要等待一个突破，一个满足你操作条件的上涨突破。1 处再度站上密集均线，2 处再创长阳新高，均线开始多头排列发散。

现实性走势有了，走势面临的可能性是什么，这些一清二楚，操作还有什么不明白的？这就像你搞清楚了你在上海，也搞清楚了你要去的地方是北京，剩下就是怎么去了。无非就是飞机、高铁，或者火车、汽车、骑车、步行，无非就是支撑买，或者追进，无非就是买进后等待扩大利润，或者止损出局。

对于止损出局，听起来好像就是割肉，但是性质不一样。就像买进，都是买进，跌势里接刀子买进和涨势里买进一样吗？

第六股：东方财富 300059

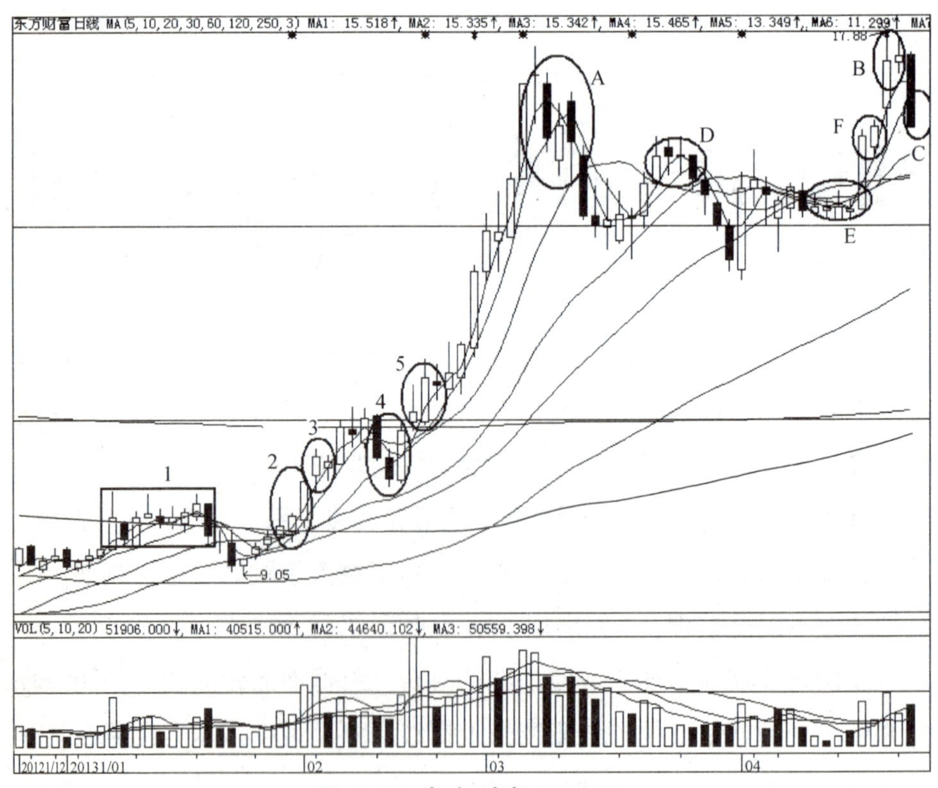

图 4-6 东方财富 300059

如图 4–6 东方财富所示，还是同一类股，前面在海欣食品说了，走势可能性有三种，而值得操作的有两种——上涨和上涨中的盘整；值得看的是一种——冲破跌势后的盘整，可做可不做。

图中 1 处盘整，值得看。值得看，是因为如果打破盘整向上了就符合操作。很遗憾，向下。向下无所谓，没有期望，无非就是涨涨跌跌嘛？跌了没有什么可唉声叹气的，等再走好便是。

2 处站上均线后，中阳线突破，新的局势打开，符合操作条件。想操作那就逢均线支撑买吧。在走出来之前，谁也无法知道会回踩 5 日均线，而不会回踩 10 日均线，所以最好是分散，见支撑就买。

4 处再度下跌，跌破了 10 日均线。

4 处下跌后出现 5 处的再度突破，新的局势又打开了，按原则买入就是。

A 处高点形成后，剩下的观望等待。

A 处高点怎么形成？不需要你判断，是等它走出来的，就像海欣食品 8 处破位出来就确立了前高点。那么，剩下的观望和等待，就是看它怎么走。

D 处出现，那么看它能否反击过去 A 处，不能就等待。跌到密集均线之下，跌就跌吧，跟你没有关系，你只需要看。

E 处收小震幅，这只是一个变盘信号，你了解就行。

F 处出现长阳攻击，基础条件是什么？现实性走势是长阳上涨、打破盘整，可能性是进入了 A 处高压区，可能继续震荡。但是，就基础的现实性走势看，跌是小概率。F 处杀进去没错，等待突破高点后再杀进去也没错，或者突破高点后的回调再杀也行。

但是，有没有回调不保证，东方财富有，其他这样走的未必有，还不能保证的是回调就是回调，回调很可能就是那一次扭转性的下跌。

学习了走势的“四性”，你必须知道能保证的，就是保证市场没有一样可以保证，能保证的就是跌势里的 99 次上涨都是反弹，涨势里的 99 次下跌都是回调。

第七股：华策影视 300133

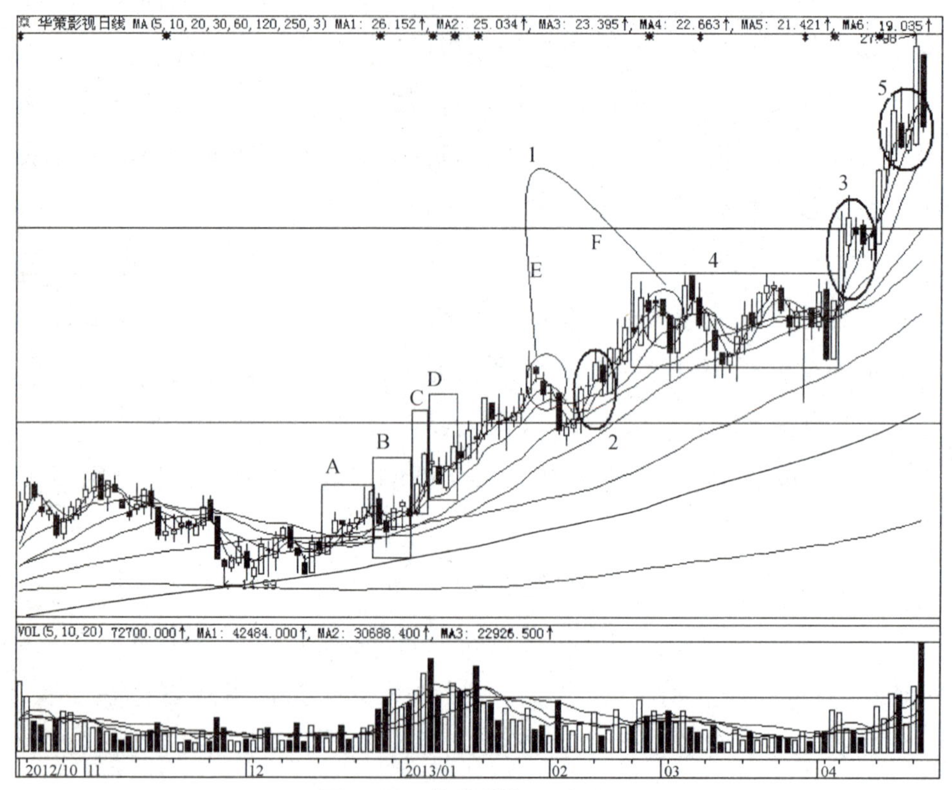

图 4–7　华策影视 300133

什么走势才配你看？什么走势才配你操作？现在你必须十分清楚。如图 4–7 华策影视所示，A 处之前是跌势不值得你看。

A 处震荡整理突破，新的局势打开。B 处回调，C 处上攻结束 B 处回调。新局势打开后 B 处回踩买，可以；C 处确认回踩后再买，也可以。一旦方向对了，在哪里买都是对的，无非高一点儿，低一点儿；方向如果不对，你计较得再精细，又有什么用？

再看 1 处对应的 E 处、F 处，是两个小卖点，原因是它扭转了现有走势。

而 2 处是收复了 E 处的下跳，新的局势再度形成，既然符合，你随时可以上车。太多的操作者如果之前高抛过的，很难再买回来，就是因为心理没厘清。你管它什么股，符合操作条件不就可以了？

4处盘整是怎么知道的？不需要预测，只需要知道F处破位之后观望就是了。观望中盘整逐渐盘整，盘整最后的大阴大阳跟你无关，有关的是打破盘整，是3处之后新局势的形成，既然新局势形成，那就逢均线支撑入场。

5处再度震荡，涨势里震荡，只有一次是下跌，于是再创新高，是再自然不过了。

第八股：传化股份 002010

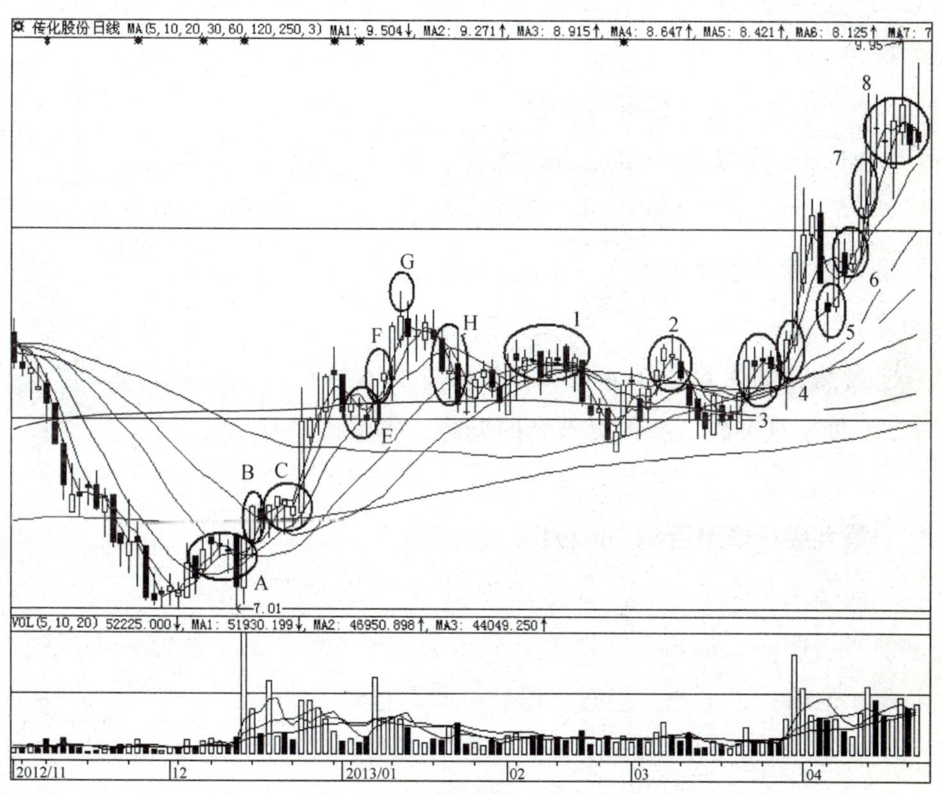

图 4-8 传化股份 002010

如图4-8传化股份所示，什么走势才配你看？什么走势才配你操作？现在你必须十分清楚。A处之前持续下跌，根本就不值得你看。直到出现了 A 处盘整，B 处上涨打破盘整，扭转之前跌势，新的趋势打开。

C 处逢支撑买进，可以；放弃这样的操作目标，等待整理的更好再操作，也行。没有人要求你一定要把握每一个机会，成功操作者的成功之处，不是他把握了多少机会，而是他放弃了更多机会。

当然，均线凌乱无章的，即使不操作，但是也可以看看的。比如，E 处回踩，F 处结束回踩。为什么 E 处的下跌是回踩？这是现实性走势决定的，就像为什么跌势里的上涨是反弹一样。

H 处的破位，意味着 G 处的高点形成压力。

1 处震荡收拢均线，盘整面临打破。未能向上收复 H 处，那就继续看。

2 处还是如此，那就继续看。

3 处再度上来，收窄震荡在均线之上，变盘信号，继续看。

4 处突破，等的就是这个突破，符合了就混进队伍分享拉升果实，无论是跟涨，还是回调买（5 处），都无所谓。关键是方向有了，新的局势形成了。

当然，如果错过了 4 处和 5 处，那么 6 处再度震荡到密集均线之上，7 处出现突破，新的突破新的局势，再买也没有什么错。

8 处盘整，再度面临选择，等待走势选择以做应对便是。

第九股：华录百纳 300291

如图 4–9 华录百纳所示，不少操作者出现的情况是什么？是班长解读他听得明白，他自己看过去走势也会，可是操作时就糊涂，不买吧，着急、怕飙；买了吧，担心、怕套。原因是什么呢？

就是他总喜欢猜测走势，而我们解读的，或者他自己看的都是已经走出来的，操作也都是按走出来的操作；可是等他操作时，就不自觉地按想象、按猜测操作。这是基本功的问题，没有抓住核心精髓。

再看华录百纳 1 处是什么信号？当你看到这样的走势时应该想到的是什么？震荡盘整，面临打破，是跌破，还是突破？跌破你就看，突破你就参与。参与了怎么参与?

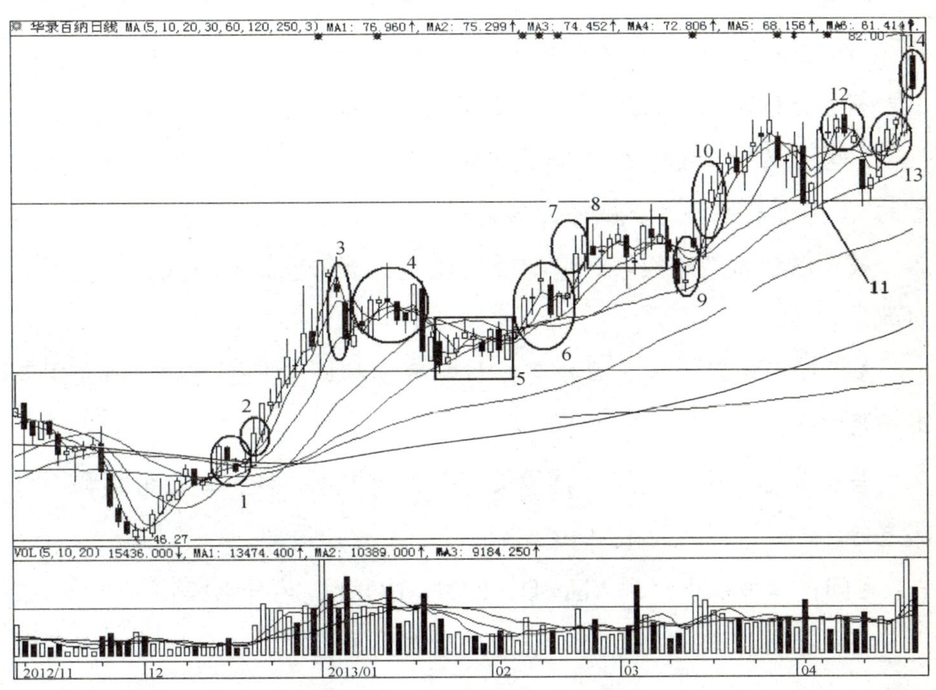

图 4-9 华录百纳 300291

不就这么点儿内容吗?对。遇到盘整的就这么点儿内容:

一是在 1 处等待选择打破;二是如果跌破就不操作,突破就操作(2 处)。

3 处跌破小趋势,4 处反抽,5 处盘整,6 处打破,7 处新的上涨形成,但又进入新的盘整 8 处,9 处下破,10 处新的上涨又形成。

11 处在双重均线长阳反击,12 处高点未能突破,继续震荡,13 处再度上来,再度突破。14 处是不是卖点?以及 3 处、9 处、11 处留作后面讲解。

买点没有那么难,难就难在你总想把握一个点,而班长要告诉你的是什么?就是买一个方向,值得你买的方向只有一个。这个方向是什么?不是你逆势逞强,更不是不走寻常路,就是做正常人,买正常股票,赚正常利润。

班长答问——

1 问：“一旦方向对了，在哪里买都是对的，无非高一点儿，低一点儿”。问题是方向是走出了后才知道，如何买呢？

答：方向出来了，追买和逢支撑买，复习。

2 问：“为什么 E 处的下跌是回踩（不是反转）？这是现实性走势决定的”。那可能性还有下破呢，怎么办？

答：跌势里忽略反转，应对反转就是；涨势里忽略下破，下破了应对就是。

3 问：下跌到均线支撑处买，与突破盘整后买，这两种操作方法是否矛盾？

答：前提，注意前提。就像买与买，前提不一样，就有可买和不可买之分。

4 问：本书很少用到 MACD、KDJ、BOLL，为什么呢？

答：指标反映的是走势，就像是指着影子说呢，还是指着人本身说一样。

5 问：顺势而为，只是做到很难。

答：但直接说顺势而为，谁又能真正理解。只有真正理解，才能真正做到，做到很难是不知道难在哪里，知道了、清楚了、厘定了，还有什么难？！

第二节　买卖的基本逻辑

到了这里，我想没有必要再看那些跌势里的股票，但又担心有的人不理解，会说班长怎么讲得都是涨的，那些跌的怎么不说了。

班长要强调的是，前面的内容你不能白学，要知道有的走势根本不值得你看，更不用说操作了。过去讲到的那些跌势股票，不是为了让你从万绿丛中刀口舔血，而是让你仔细看清每一种机会，介绍各种菜，你知道了特点、好处、味道，才知道什么菜好吃。

一、买卖逻辑

第一股：新宁物流 300013

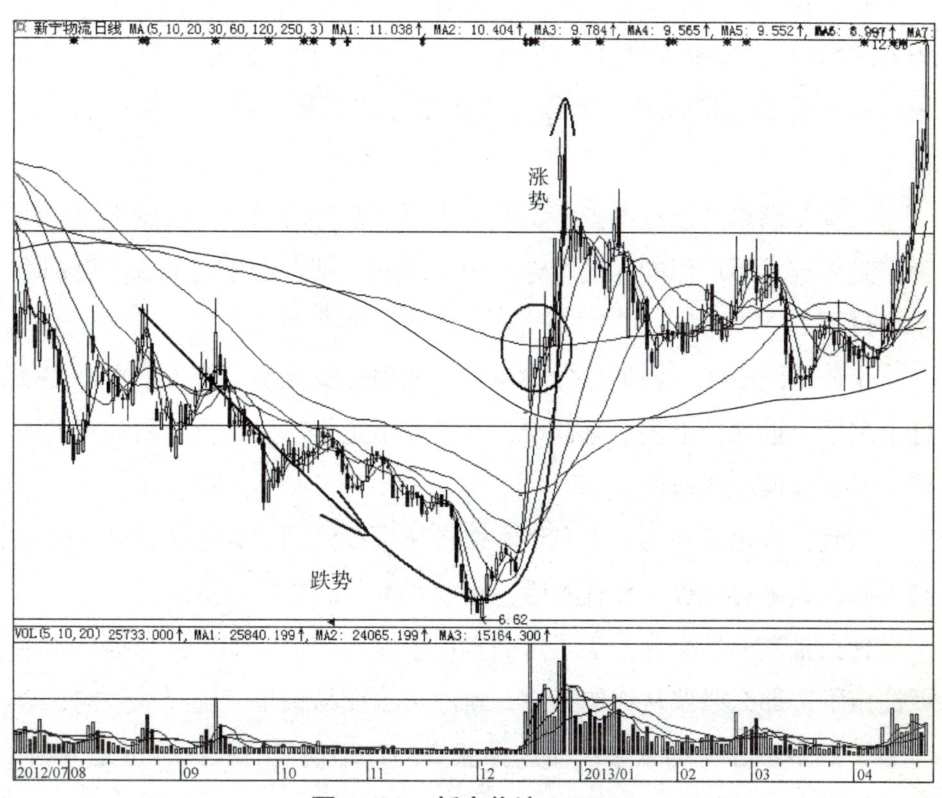

图 4–10　新宁物流 300013

如图 4–10 新宁物流所示，从跌势到涨势的过程，揭示了整个股票市场的轮回，你要做的就是等冬去春来。当然，这是一只股票，整个股票市场呢？道理是相通的。

我们一直在讲的买“上涨趋势的突破前高，和上涨趋势的回调结束点”，也就是四个字“顺势而为”。你只有真正读进心里，才能真正领悟到，否则即使班长展开再大的篇幅，你还是不可避免地抓不到要点和精髓。

理解不了没关系，但是可以反过来看一下，除了这些买点你还要会多少？这些简单的会了，平淡的交易几笔，看看是否比以前每天不分机会大小，忙碌交易的结果要获利多？

我们看涨势，但股票不是只有涨势，也不是只有跌势的。学习了走势的“四性”，了解了股票的基本结构，你就该知道股票没有好坏之分。每只股票都有上涨段和下跌段，关键是你选择哪一段看，选择哪一段操作。

没事儿别跟自己过不去，不要非得搞个跌势的股票，好像不抢对反弹就是你技术不行似的。记着你是来干吗的，别跟走势过不去，更别跟自己过不去。

走势跌跌不休，你不选择参与它，就跟你没关系。有关系也是你硬扯上关系，谁硬扯上关系就罚谁，不亏才不正常。要是再买跌势里的股票，亏了活该不活该？

当然，有抢反弹的，也有经常快进快出抢到的，只是你是谁？你比别人有什么绝对优势？没有的话，做点儿本分的交易行不行？

什么是本分的交易？学了这么多你不能不知道。如果说命运从出生就注定了，那么股票从你选择它，就注定了交易结果。选择跌势的，再努力，最多不亏得那么惨；而选择涨势的，即使没有技术，也是盈利，不过是多少问题。

再如图 4–11 新宁物流的后续走势所示，复习一下上一节，1 处和 2 处已经说了太多遍，就不赘述了，还不清楚的再复习。这里重点再说说 3、4、5 处。

3 处打破整理再度突破，一有突破前的震荡幅度收窄，变盘信号；二有均线收拢；三有长阳拉升；四有 4 处的再创新高。构成了均线多头排列，向上发散，追进可以，逢下面均线买更可以。

逢均线买，如何买？随便你怎么买。只要是在打破原来的整理，拉开了新的涨势，高点低点都无所谓。

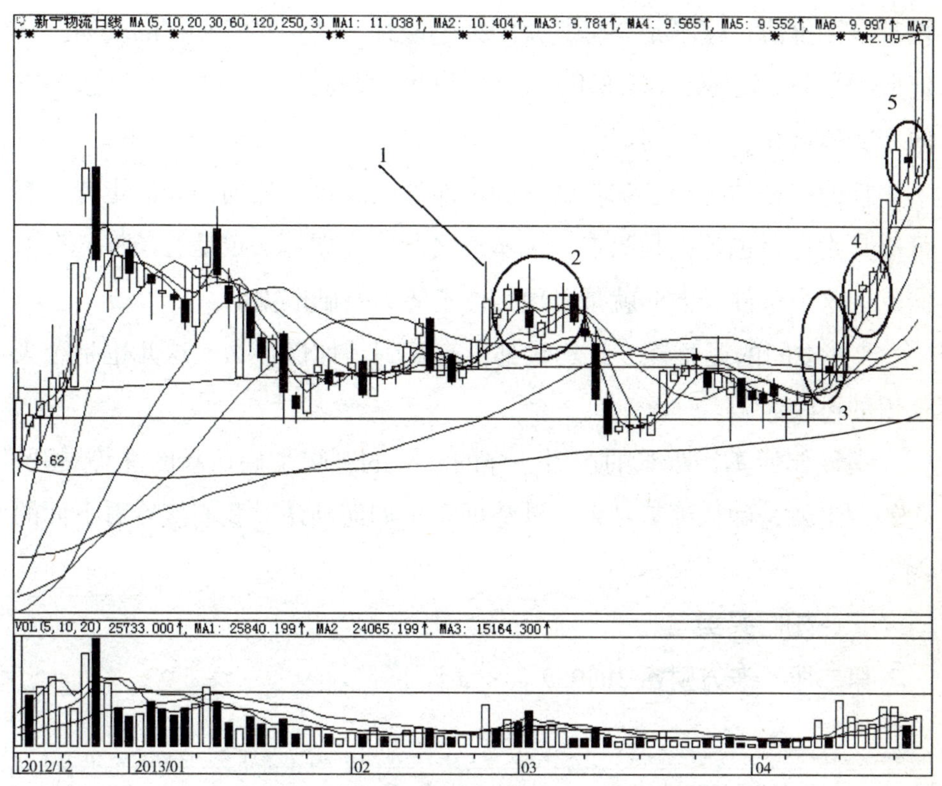

图 4-11　新宁物流 300013（后续走势）

只是，急着追高的要考虑回调，等着回调的要考虑不回调，有了操作原则和基本逻辑，剩下的是 3 日均线，还是 5 日均线，抑或是 10 日均线，你自己看着办，只要不违背操作原则和基本逻辑。

前一个交易日大盘大跌，该股震荡，是走是留？大盘和个股的关系究竟如何厘清？这跟你觉得要突破而现实走势还没有突破是一个逻辑。大盘大跌，个股也许会大跌，但是个股跌了没有？所以，5 处的逻辑是什么？你可以做好跌了卖的准备，但是在没有跌之前，还是继续持股。

没有突破，你觉得要突破，买进去结果大跌；

没有大跌，你觉得要大跌，卖出了结果大涨。

这就是最低级的错误。最现实的走势永远不能忽视，最基本的逻辑时刻都要牢记。你预测再多可能性，没有现实性当下走势为基础，可能性都毫无价值。这不是夸夸其谈的纸上谈兵，这是实实在在的交易。任何股票的任何走势，都离不开这个基础。没有这个基础，没有这个方向，买卖点又有什么用？

任何一处的走势，都具备三种可能性的走势。任何一处的走势，都可以是卖点，也可以是买点。买卖点之所以成立，一定是有条件、有方向的。这个条件、方向就是以现实性走势为基础依据的。

5 处中间的调整连 5 日均线都没有跌到，你慌什么？这儿也是今天这里的再收大阳。

卖该如何卖？跟买的逻辑一样的。买的逻辑是确认新的涨势展开，卖的逻辑就是确认涨势结束，跌势展开。如何确认？我们接着看下面的例股。

二、如何买卖

第二股：东方财富 300059

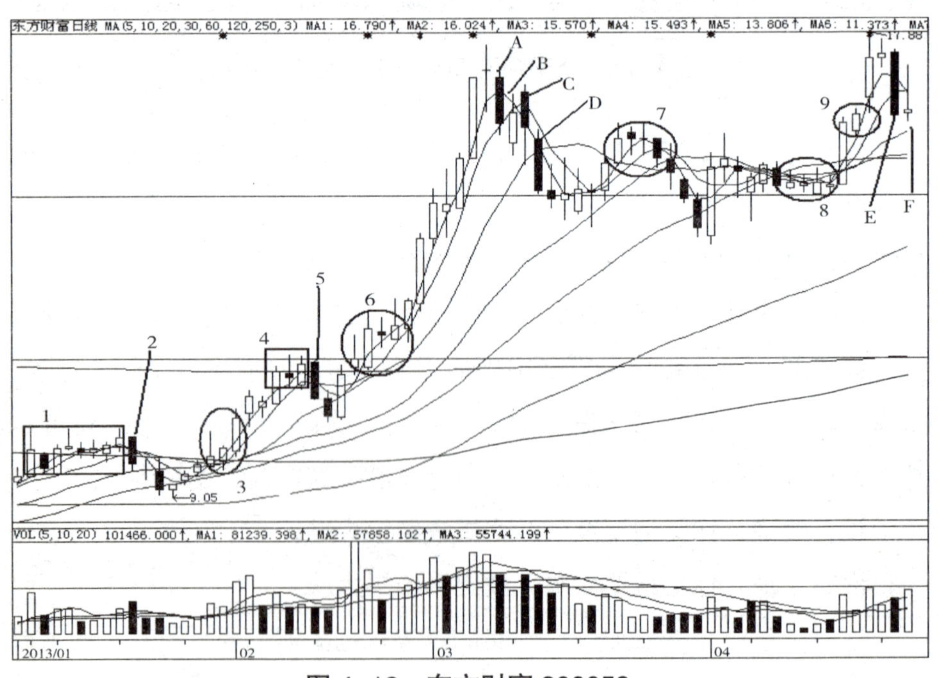

图 4-12　东方财富 300059

如图 4–12 东方财富所示，在看具体走势前，还是让你看看股票的大轮回。涨得再牛的股票，也有熊到跌跌不休的时候；再熊再跌跌不休的股票，也有涨到拉不住的时候。

1 处盘整，观望等待打破，向上打破就构成操作条件了。

2 处向下打破，不构成操作条件。

别去预测支撑、抢反弹抄底，谁不嫌累，谁爱折腾随他去。

经过震荡整理 3 处站上中短期均线，中阳线的拉升宣告新的局面打开。方向有了，怎么介入都行，只是刚才新宁物流里的“只是”别忘了。

继续拉升到年线后，出现了 4 处围绕年线盘整的走势，5 处打破了盘整，不过是向下。

是观望的话，跟你无关，你只需要等到符合操作条件了再动手。

若是 3 处突破后跟进的，如何应对 5 处这变盘？首先你持股到 4 处这里，遇到盘整了，你得清楚两件事情：一是走势的必然性，即盘整面临的可能性走势是必然打破；二是涨势里，扭转涨势的盘整回调只有一次。清楚这两件事情以后，剩下的就好制定应对方案了。打破盘整可以进入下一个盘整，只要没有扭转你入场的核心，即新的涨势，那就继续持有。

当然，3 处入场到 4 处，有一定幅度了，如果等跌到 3 处再走，不是坐了电梯？那就麻烦你多操作两次。比如，在大原则不变的情况下，大原则就是涨势的基础 20 日、30 日均线。那么分成三份或者两份，跌破 5 日、10 日均线你出一份或两份，如果收回了再买回去。如果扭转了涨势，那剩余的一份也甩了，不至于完全坐电梯。高点是走出来的，不是预测出来的，预测高点的代价和预测低点的代价是一样的。

6 处再度收复短期均线，且突破 4 处，新的局势再度形成。无论你之前是观望，还是减仓了，这里新的涨势打开，你不入场等谁入场？

6 处之后的涨就不说了，是因为走势不扭转涨势，老实持股还用说？就像走势不扭转跌势，老实观望一样。

到了A处，按前面的卖出策略可以，A处跌破5日均线你走一部分；B处、C处反抽，你观望，反抽失败就不买回；跌破10日均线你再走一部分，剩余的还看20日均线也行。

但是，随着主升浪的展开、均线的发散，20日、30日均线已经远离，三份你就可以改为一份或者两份。一份5日均线你觉得承受波幅有限了，那就改成5日、10日均线两份。

无论改成哪条线，无论分成几份，这不是关键。关键是什么？是卖出的原则，就像买入的原则一样。清楚这个了，方向对了，怎么买都没事，怎么卖都没有错。交易本来就没绝对的对错之分，走势的每一处都有卖出和买进，关键是你的操作是否在你想的之中，你想的是否在走势之中。

A处跌破5日均线，就已经扭转了6处上来的这波主升浪。这里你清仓卖出，没有错；你留部分等到10日均线看看有没有回旋余地，也没有错。

都没有错，关键看目标和选择，不同的操作目的，有不同的操作方向，不同的操作方向下，就有不同的卖点。

既然A处扭转了6处以来的主升浪，B处、C处反弹未能收复，意味着反抽失败，那么D处跌破10日均线再正常不过了。跌破10日均线后向下寻找新的支撑也在常理之中。

你没有必要陪着它找支撑，因为支撑不支撑得住谁知道，就像刚才看的大轮回，在跌势里寻找底的时候，没有人逼着你。要求你必须陪着它寻底了，才能参与未来的涨势。

下探20日均线后，7处再度站上短期均线，面临之前的5日、10日均线跳台。能否扭转收复，打开新的局面，是观望的重点。没有打开就不构成新的操作。

8处震荡收窄，变盘信号；9处长阳，在变盘信号，均线收拢基础上的长阳打开新的局面。

你可以参与操作，买法老样子。至于涨多涨少，留给走势。你只需要看的是做好持仓应对。一旦走势结束盘整或跌势，打开新的涨势，你就上车；一旦走势结束涨势，打开新的跌势，你就下车。如此而已。

当然，像 9 处这样打开新的涨势，但是紧接着面临 A 处的头部，是不是要回避回避呢？是不是要等进一步打开新的涨势再说呢？

操作是活的，不同的看法就可以选择不同的操作方法。比如，之前持仓的，在 E 处 5 日均线跌破就卖出了，但是也可以等到 20 日、30 日均线做最后清仓。再当然的是，如果选择的是新高后，新局势打开了再买的话，E 处、F 处等趁回调买行不行呢？答案还是可以的。

同样一个地方，不同的选择，就有不同的操作。走势是死的，但却根据不同的人、不同的操作打算，有不同的操作依据点。这些是一点儿都不矛盾的，就像每一处都有买进和卖出，它们是矛盾的吗？买进者有买进的打算，卖出者有卖出的想法。买卖的操作依据点不同，但是核心逻辑是一样的。厘清自己的操作想法，结合现实性走势，怎样才能达到你的目的，这是关键。

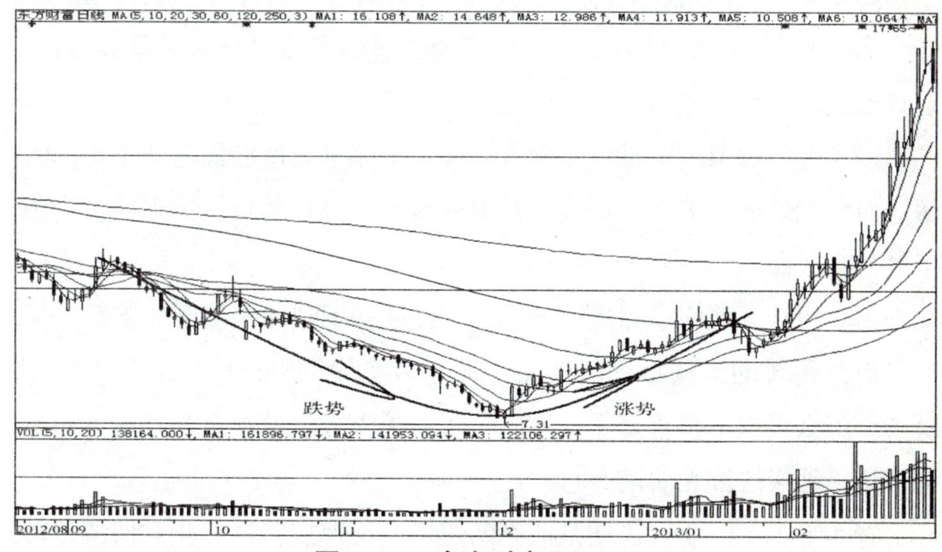

图 4-13　东方财富 300059

如图 4–13 东方财富所示，从跌势到涨势的过程，揭示了整个股票市场的轮回，你要做的就是等冬去春来。

第三股：海欣食品 002702

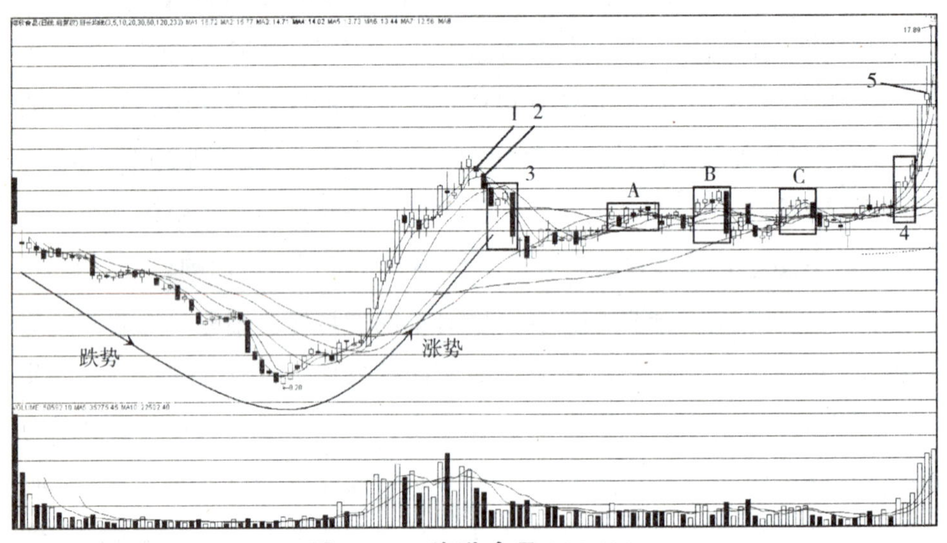

图 4–14 海欣食品 002702

如图 4–14 海欣食品所示，先看的还是从跌势到涨势，跌势何时扭转？你不必预测，你只需要等待黑夜褪去，阳光照射进来，跌势扭转，涨势形成，再动手晚吗？再晚也比你跌势里下手要强。

操作者与股票的关系就是老人与海，走势是波涛汹涌起伏不定的大海，而你就是那个老人，只需要知道何时出海捕鱼就行，捕多捕少交给运气，听天命。

担心扭转了就晚了而提前下手的，往往赚不到钱，甚至还被套。

何时扭转的，从哪里扭转的？那么多实例讲解，你该会从走势上看了。怎么买也不再重复了。方向有了，买入方式就那么几下。方向不错，哪一种买法都无所谓。

看一下 1、2、3 处，还是前面的逻辑，反弹扭转跌势相对回调扭转涨势，5 日、10 日均线分仓卖也可以，甚至分成三份，5 日、10 日、20 日均线都行。关键是你知道你在干吗，为什么这么干。

你知道，你为什么这么卖，走势这样走代表了什么。如此，你的交易你才能接受。否则，走势无论怎么走，你总是会后悔。后悔这，后悔那，只因你不知道为什么卖，为什么分仓卖，为什么这样分仓卖。

比如，1 处你可以分仓，也可以不分仓。不分仓的理由是大涨后的缓涨收窄了 5 日、10 日均线，看 5 日均线行，只看 10 日均线也行。

分的话，5 日、10 日均线可以。你要分成 5 日、10 日、20 日均线也可以，但你得知道留到 20 日均线是为了什么。是因为觉得走势可能性中什么可能大，如果没有出现预期的可能性走势，该如何应对？

跌破 10 日均线后，下探 20 日均线后反弹，未能收复，出现了 3 处的大跌，而后的 A 处、B 处、C 处反抽均无效。

等到 4 处突破，突破前有收窄的变盘信号，有均线聚拢且随着再度拉升而向上发散。发射基础有了，新的涨势展开。剩下的就是顺着方向买进，尽人事，听天命。怎么买就不说了，还是老样子，方向是关键，买法无所谓。

5 处这里和新宁物流一样，也不重复了。如何卖，何时卖？和新宁物流一样的问题，像海欣食品的 1、2、3 处那样卖。至于究竟分成几份卖，无所谓。关键是方向对，那就是走势扭转了涨势，但绝对不能是你觉得走势要扭转涨势，这个是完全没有商量余地的，就像买进一样，必须等新的涨势打开信号。

第四股：华录百纳 300291

如图 4–15 华录百纳所示，这是跌势到涨势的走势。从跌势到反弹，从跌势的反弹盘整到扭转跌势，从扭转跌势到步入新的涨势，这些你现在应该从走势中看见了，一如班长在图中标的。

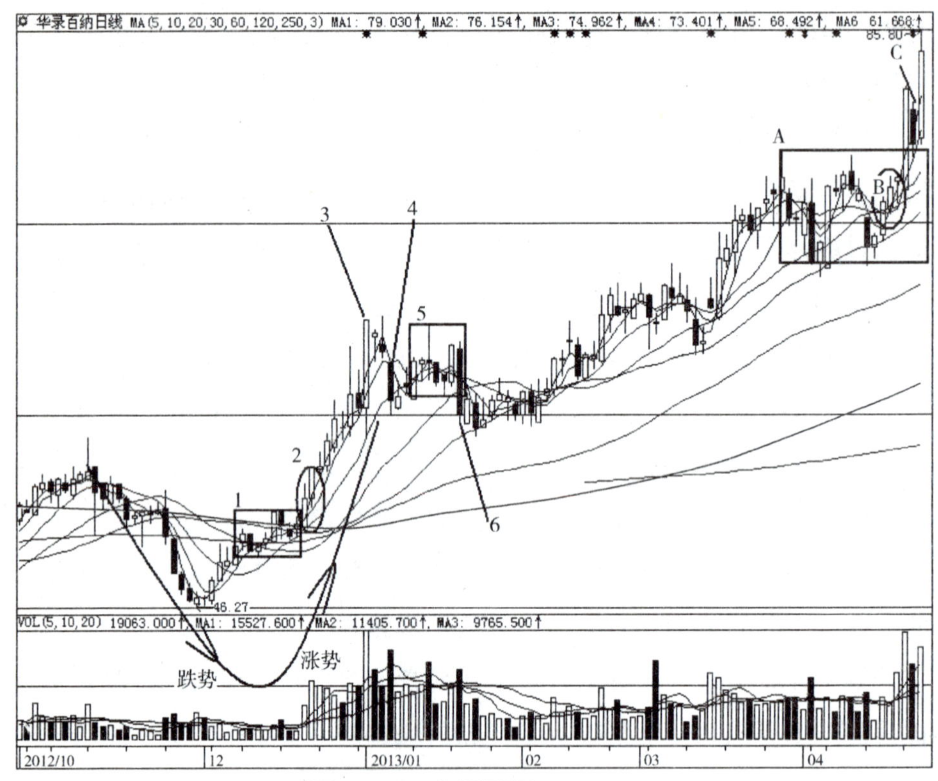

图 4-15　华录百纳 300291

3 处出现了下探 10 日线后的拉升。新宁物流的“只是”的逻辑，不仅适用于买点，还适用于卖点。这是分仓不分仓时，你要明白的“只是”。5 日均线卖，能更多的锁定利润，但是未必扭转涨势；但若等到扭转涨势时再卖，又丧失太多利润，这就是要分仓。有了分仓，就避免了大起大落，虽然不至于完全把握到 3 处的大涨，但也不至于完全错过 3 处的大涨。

4 处低开低走，跌破 5 日和 10 日均线，而后的 5 处破位后反抽确立了高点，不能上去意味着反抽失败，反抽失败意味着要寻找新的支撑。能不能支撑住，是不是要进入新的跌势，这些都是未知数，你让走势去折腾呗，等着再次符合你的入场原则再说。

当然，像跌破 5 日均线和跌破 10 日均线，究竟是盘中破了就出，还是盘中破了尾盘不收回再出？那你就要用到“只是”的逻辑了，盘中破了出，尾盘收回怎么办？盘中破了不出，尾盘大跌了怎么办？

前者盘中破了出，尾盘或者次日走好了，你可以再买回；但是，后者破了不出，尾盘跌多了，割肉就需要代价了。有了这个，知道了主动灵活性与被动，选择自然不难。就像新宁物流那里如何操作都行，但有了“只是”的考虑，你自然能找到最适合你的答案。

从跌势到涨势你自己会看 1 处、2 处了，6 处之后的从涨势里的盘整到再度展开新的涨势，你也应该会看。但是，班长没有标注了，你要试着丢掉拐杖，毕竟班长不能陪着你一直走下去。

关键是 A 处，在 A 处的盘整走出来之前，没有人知道它要盘整，也不需要任何人去猜测它是不是要盘整，你只需要知道在跌破什么线后离场，然后观望能否收复。

没有收复就继续等待，等待着盘整就出来了，盘整出来那就继续等，等待打破盘整。

B 处再度站上密集均线后出现了长阳打破。长阳打破，方向有了，随便怎么买都行，只是不要只想好事而忘了“只是”。

尽管有 C 处标注的回档 5 日均线后再度拉升，万一是和海欣食品最初那一波连续拉升一样了呢？所以，没有追进好与不好，也没有回调买好与不好，“只是”的逻辑一定要有。

C 处回档之后再度拉升，拉升到何时卖？和新宁物流、海欣食品一样，和海欣食品的 1、2、3 处，和东方财富的 A、B、C 处也一样。根本原则还是扭转了涨势，而分仓的原因是折中选择，卖错了可以买回，而卖对了可以尽可能的锁定利润。

第五股：华策影视 300133

如图 4–16 华策影视所示，从跌势到反弹、到跌势的反弹盘整，再到扭转跌势，从扭转跌势到步入新的涨势。买点、卖点、再度买回点、再度卖出点，等等这些，你现在应该从走势中看出了。这里班长要再说一说的是 A、B、C 处。

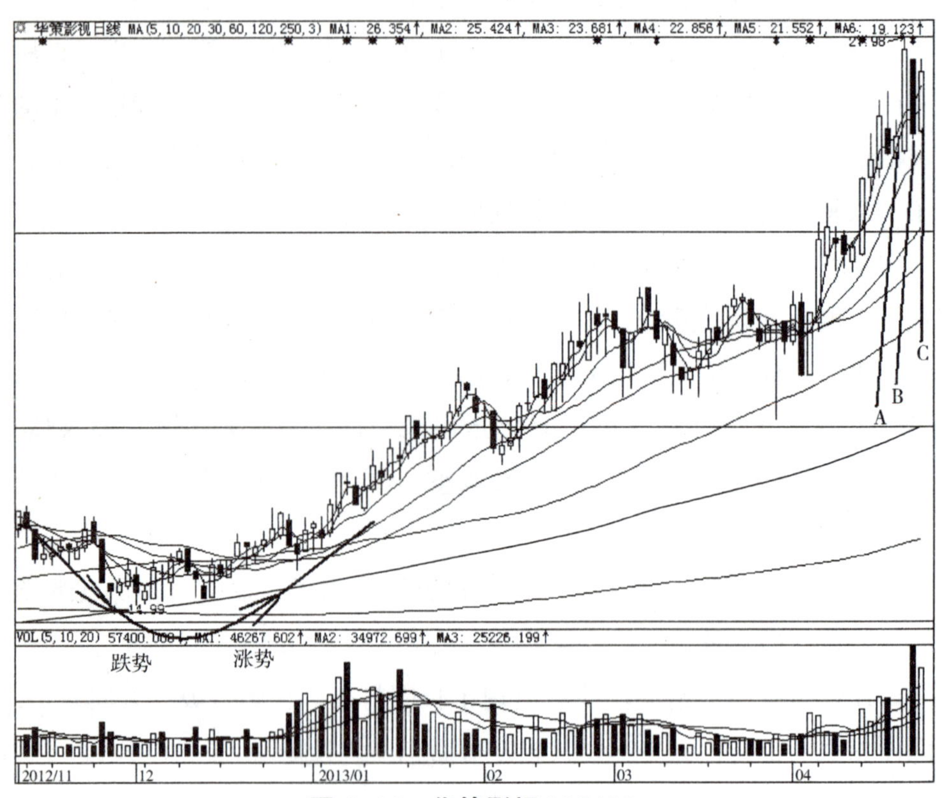

图 4-16　华策影视 300133

A 处破 5 日均线，后出现长阳新高收复，你再度买回。但是，买回又遇到 B 处跌破 5 日均线。跌破 5 日均线后虽然有 C 处收复 5 日均线，但是没有新高。

既然想把握多一些，多费些操作很正常。选择什么样的操作，就要付出什么样的代价。最关键的是走势没有确立反转涨势以前，剩余的你不要折腾丢了才是关键。

只是，太多操作者总是忽视，忽视更容易把握的机会，去追逐飘忽不定的。忽视已经得到的，去博取已经无法挽回的。结果芝麻没有捡到，西瓜也丢了。

这是两组股票，棕榈园林002431和曙光股份600303，山东如意002193和深天健000090，自己去看看。

像前面看那些没有标注出来的一样，提升操作者交易素养，班长讲的不是一招半式，你学的也不是一招半式，而是通过一招半式，领会操作的精髓。

买点没有那么难，难就难在你总想把握一个点，而班长要告诉你的是什么？是买一个正确的方向，值得你买的方向只有一个，买点有很多个。

这个方向决定了你的操作命运，反映作为操作者的你及格与否。

班长答问——

1问：东方财富图中，讲扭转了涨势则全卖。这里的扭转了涨势，是说回调到了20日均线，或者30日均线？

答：涨势被扭转了，是指跌破了原来打开的上涨趋势。原来的上涨趋势没有了，可以不再持有。

2问：东方财富图中，A处跌破5日均线就扭转了6处以来的主升浪。这里有没有可能，虽跌破5日均线，但进入了盘整，不一定扭转了主升浪的情况呢？还是可以肯定地讲，跌破5日均线就基本扭转了之前涨势？

答：走势的三种可能性，扭转涨势，剩下的无论是盘整，还是跌势，都不持有。或者你扩大到10日均线，或者你等到C处确认，这个可以灵活选择，但根本性的原则不能变，即涨势打开买进，涨势跌破，跌势展开必须走人。

3问：海欣食品和新宁物流图中，如果在5处这里追高，是不是也可以考虑？当然，要做好盘整的准备，还是涨到这种情况下，只能考虑卖的问题？

答：涨势里的盘整，面临的走势虽然有三种可能性，但是只有一次是跌的，万一遇到跌的就止损走人；而盘整本身除外，就剩下上涨。

4问：华录百纳B处的长阳打破，是不是指C处前那一大长阳，B处圈内的似乎不够长阳，也只有一小部分站上密集均线。

答：B处再次站上密集均线，配得上你看了。长阳突破，则符合你操作条件了。

第三节　最灿烂的花期

有的操作者总是想着提高效率，怎么提高呢？是波段里高抛低吸，甚至是扎在1分钟K线里不出来？

真正的法宝是什么？不是1分钟里的买卖点，而是什么？这是你从本书中应该找到的宝藏。

你不是百亿资金，可以批发股，你的资金有限。把有限的资金和精力用在花期最灿烂的时刻，你的操作才能更有效。

如果在半死不活的缓涨，或者震荡、跌势、反弹里，累死也追不上最灿烂的花期。

有反弹的不做跌势的，有涨势的不做反弹的，有完全多头排列的不做缓涨半死不活的。乱的不做，整理不顺的不做。

什么是最灿烂的花期？比如，东方财富、华策影视。再比如，海欣食品、新宁物流。你一看就知道最灿烂的花期在哪里。

一、最灿烂的花期

第一股：曙光股份600303

如图4–17曙光股份所示，看1处均线散乱，按照班长的《飞龙在天》解读，均线散乱反映主力意见不一，本节最后将要再次讲到。

2处盘整；3处突破，外加买点；4处下探的是20日、30日均线双重支撑。带着“只是”买，4处这里就应该顾及到。

当然，3处的回调如果吞没突破长阳，那又意味着突破失败，但4处点位是在长阳之内的，且在5日、10日均线下方，5日、10日、20

日、30日均线构成一个回踩支撑区。

这些不是重点，到底是几日均线买，在你选择。选择的时候你只需要带着“只是”的思维，并且知道这种选择面临的可能性且愿意承担。

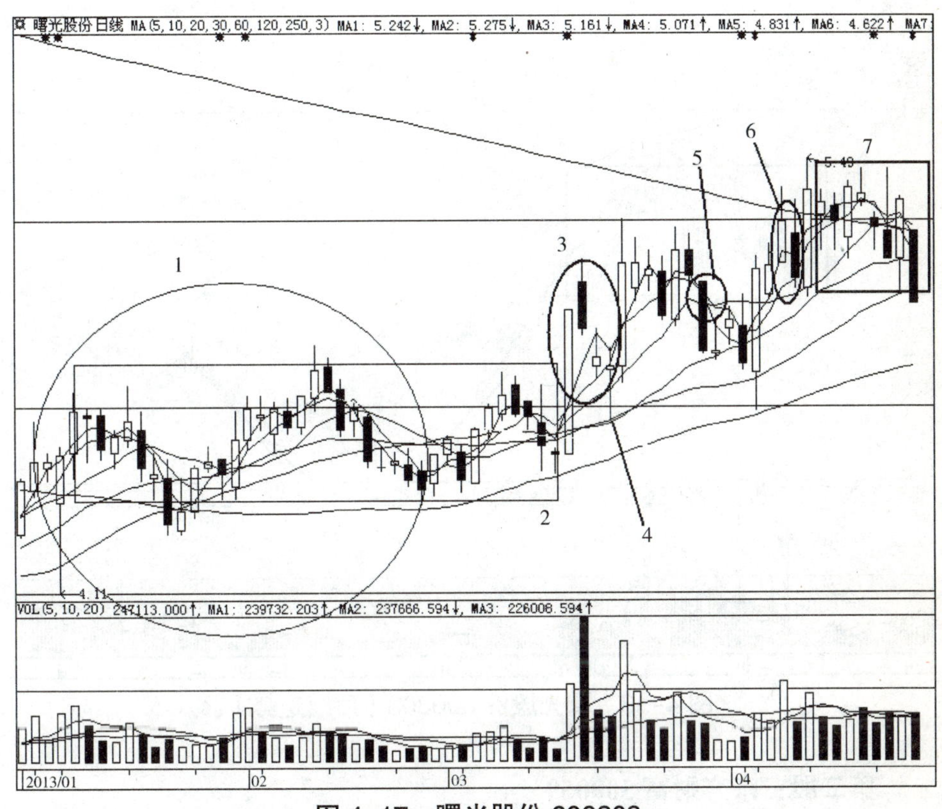

图 4–17 曙光股份 600303

关键还是做对方向，方向对了，随便你怎么做，做的多了，你自然能越做越好。方向不对，再怎么努力都不行，甚至还越努力离成功越远。

5处打破盘整也好，跌破涨势也行，后来的6处买不买也无所谓，7处这里才是关键。只是大盘不好，它选择了向下。

为什么7处才是关键？

拉长曙光股份的走势看（图4–18）或者你切换到周线看，完全就是在震荡，在年线这里反复震荡。看一下 2 处。

年线压力是什么压力？看一下 1 处，均线反映的是走势。

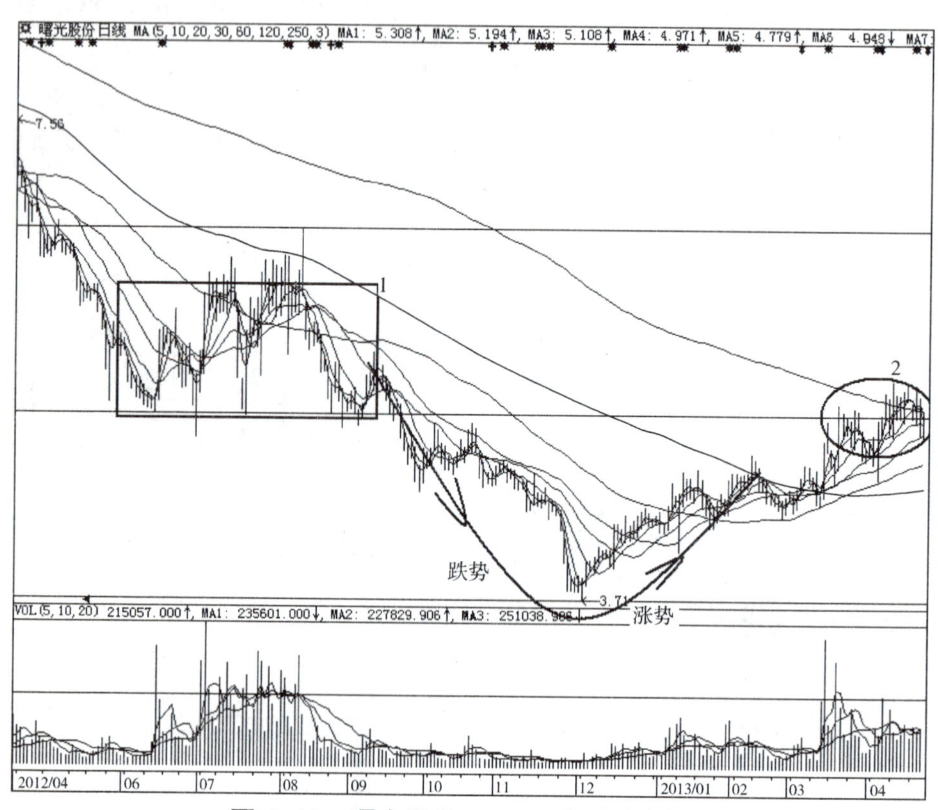

图 4–18　曙光股份 600303（后续走势）

第二股：东方财富 300059

如图 4–19 东方财富所示。

1 处为什么跌跌不休，空头排列？

2 处为什么上涨缓慢？

3 处半年线震荡，震荡后的上涨是不是比 2 处强？

4 处年线震荡，震荡后的上涨是不是比 3 处更强？

从跌到涨，又从涨到一波比一波强的上涨，这期间的变化是什么？

均线散乱，各方成本不一，合力不够聚集。跌势的合力够强，但是向下的，而我们要做的是什么？是打破盘整向上的或者涨势的。这些用走势反映一切的话，都是合力聚集且确定向上的。练习股留曙光股份，是让操作者试着看，而看的关键在哪里？

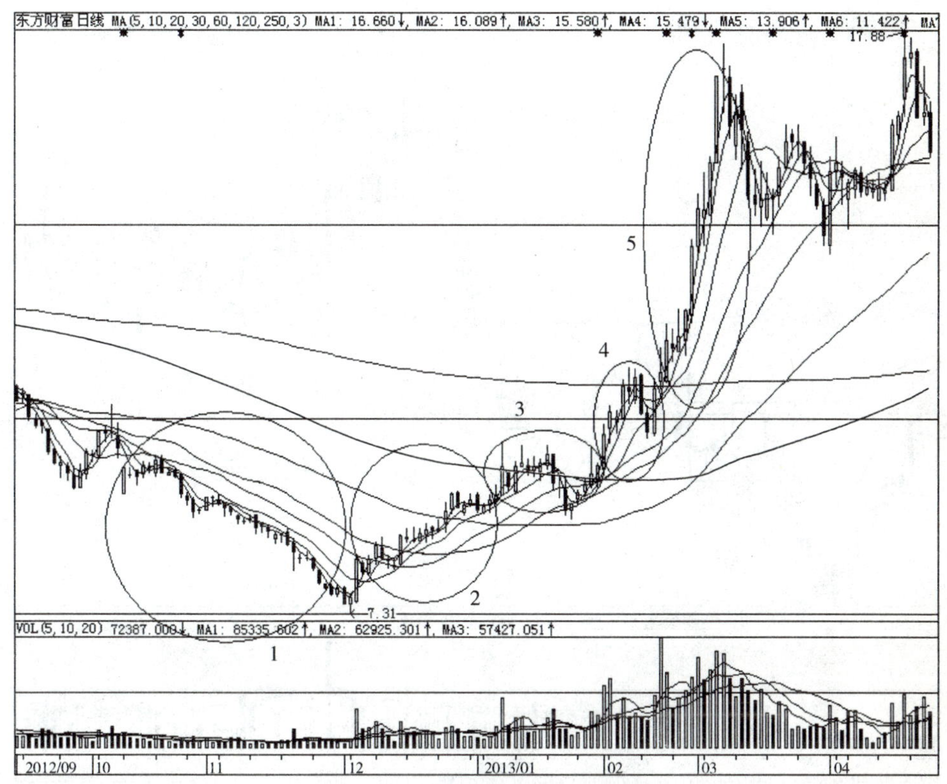

图 4–19　东方财富 300059

当然，理顺之前的走势是必然的，更关键的是 4 处这里你得知道在等什么，向上就参与，向下就看，跌与你无关。

第三股：棕榈园林 002431

如图 4–20 棕榈园林所示，书看到这里，你做的图解，应该比班长的细致，因为你在练手阶段，等你熟练到一定程度了，你不用在图上画，看一眼就行了。

不过，相信会有一些同学，他比班长讲的还省事，那么想想你究竟是看看应付一下谁，还是想认真学习提高吧。

关键的部位就那么几处，不信你翻看一下走势。要么沿着跌势跌，要么盘整，要么沿着涨势涨。

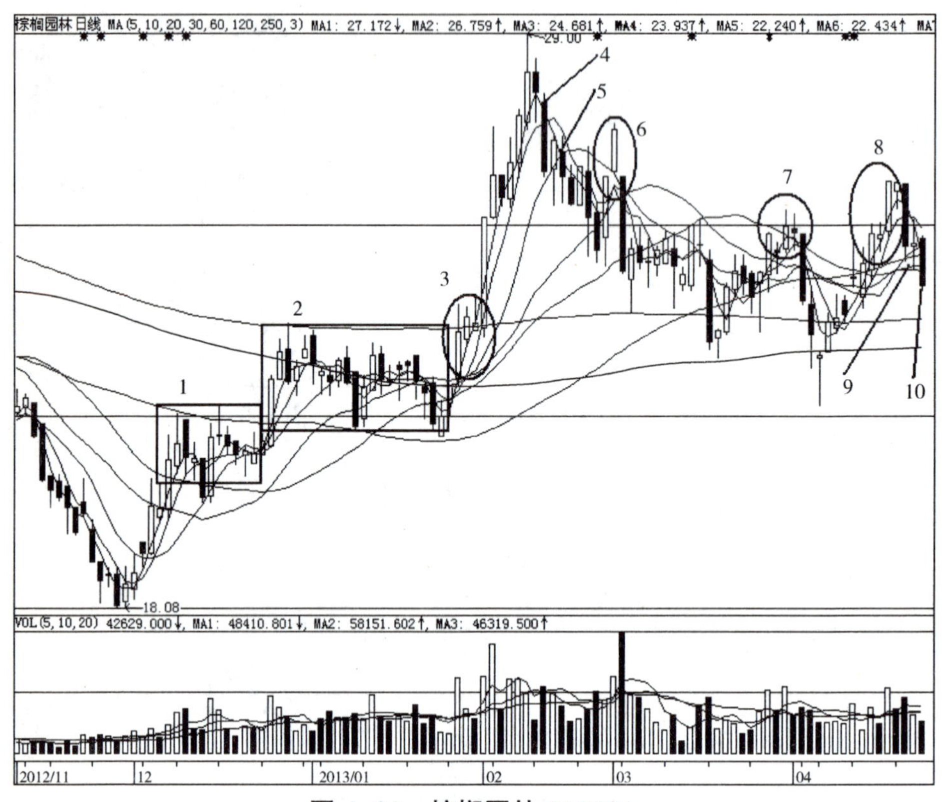

图 4–20　棕榈园林 002431

关键点无非就是扭转跌势、打破盘整和扭转涨势这三个地方。而卖点、看点、买点，就在这三个地方。密密麻麻、红红绿绿的 K 线，看似繁琐至极，其实抓住关键部位就一切变得简单了。

4 处跌破 5 日均线，宣告结束了 3 处突破以来的这波上涨。

5 处反抽跌破的 5 日均线无果，且跌破 10 日均线，跌势进一步展开。

也许它要在这里震荡，但是这是也许。确定的是什么？是已经结束的涨势。这就是也许与确定的处别、可能与已经的处别。

6处的反抽失败。为什么是反弹？因为现实性走势在4处、5处以来的跌势里。为什么是反抽失败？因为没有收复4处、5处，没有扭转4处、5处以来的跌势。

7处同理。

8处随着收拢，进一步突破7处，虽然没有收复4处、5处、6处，但是可以做。原因一是突破7处，原因二是站上密集均线后拉了一段，均线展开意味着展开了升势。

不幸的是，因为展开力度不够强势，被反击回来了。9处跌到三重均线支撑还可以看看，但10处一出现，你就务必要离场了，因为扭转了原来的局势。

第四股：山东如意002193

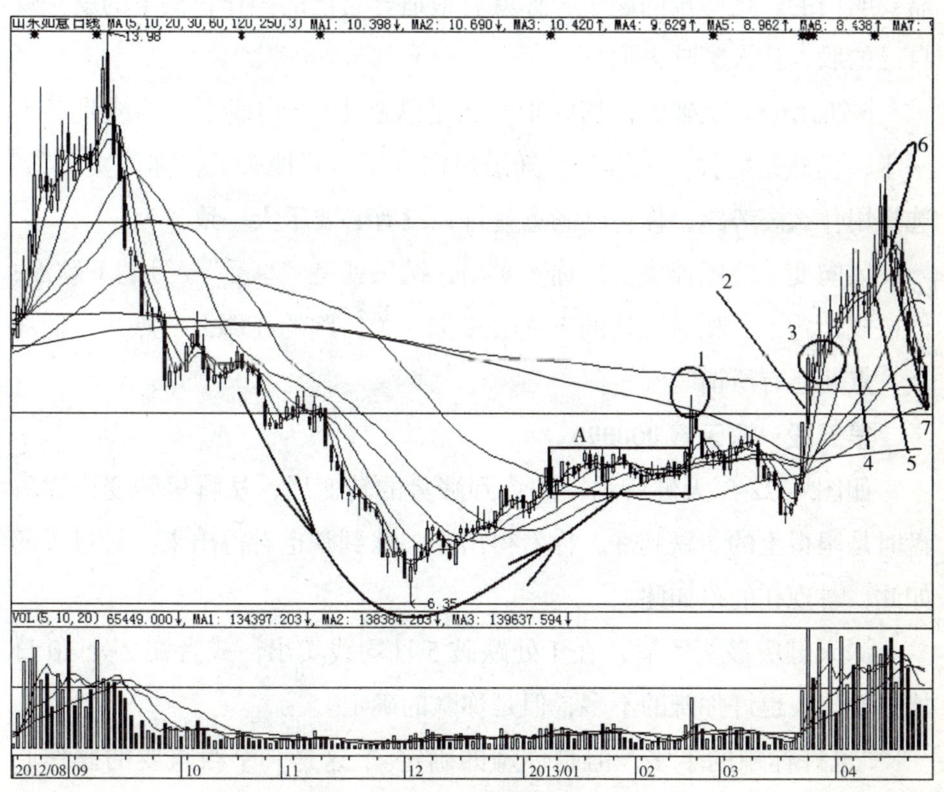

图4–21　山东如意002193

如图 4–21 山东如意所示，不是所有突破都是必赚的，就像是跨栏冠军也有跨到栏上的时候。有的股票突破遭遇大盘影响，有的突破失败是纯属自身主力所为。棕榈园林的 8 处、9 处、10 处是，山东如意的 1 处也是。

当然，为什么 A 处这里这么低速？跟上面的均线，左侧的压力大有关系。

重点是 2 处的蛟龙出水的大突破和 3 处的买点，就像刚才的东方财富，从跌到涨，又从涨到一波比一波强的上涨，你得知道在什么时候是最灿烂的花期。

4 处卖不卖，或者要不要等到 4 处才卖；5 处买不买，这些都随你。关键是你一有方向，二知道自己的选择，为什么这样选择以及这样选择需要明白的。这些没问题了，你就有最适合自己的操作，剩下的就是炒自己的股，让人家吵去吧。

6 处无论是跌破 5 日均线走，还是跌破 10 日均线走，抑或是各走一半，仍然是随你，关键是你知道风向变了，船掉头了，你该卖出了。选择用什么姿势跑，你自己满意就行，没有必要千人一致。

风向变了，船掉头了，你不卖出，结果就是“享受”7 处的下跌浪；你按规矩跑了，相对 7 处的下跌浪跟你无关，跑的高那么一点儿，低那么一点儿还有所谓吗？

第五股：深天健 000090

如图 4–22 深天健所示，跌势到涨势的转变后，从哪里转变，你看盘时是跟得上的。跌到涨，你看得出来，涨到跌也看得出来。看过去的如此，看现在的也如此。

深天健突破买入后，在 1 处跌破 5 日均线卖出，或者在 2 处 10 日均线卖出，也许你赚的不多，但是你赚的确定。

“也许你赚的不多，但是你赚的确定。”这是一个很重要的操作心态。就像抄底，你抄到了最低点赚的很爽，但是你抄 100 次，只对 1

次。你算算这个账，那些贪心不死的，往往不是贪，而是贪在无知，不知道轻！重！利！害！现在你就应该知道什么看起来很美好，而要把握这一次美好你可能要承担 99 次糟糕。

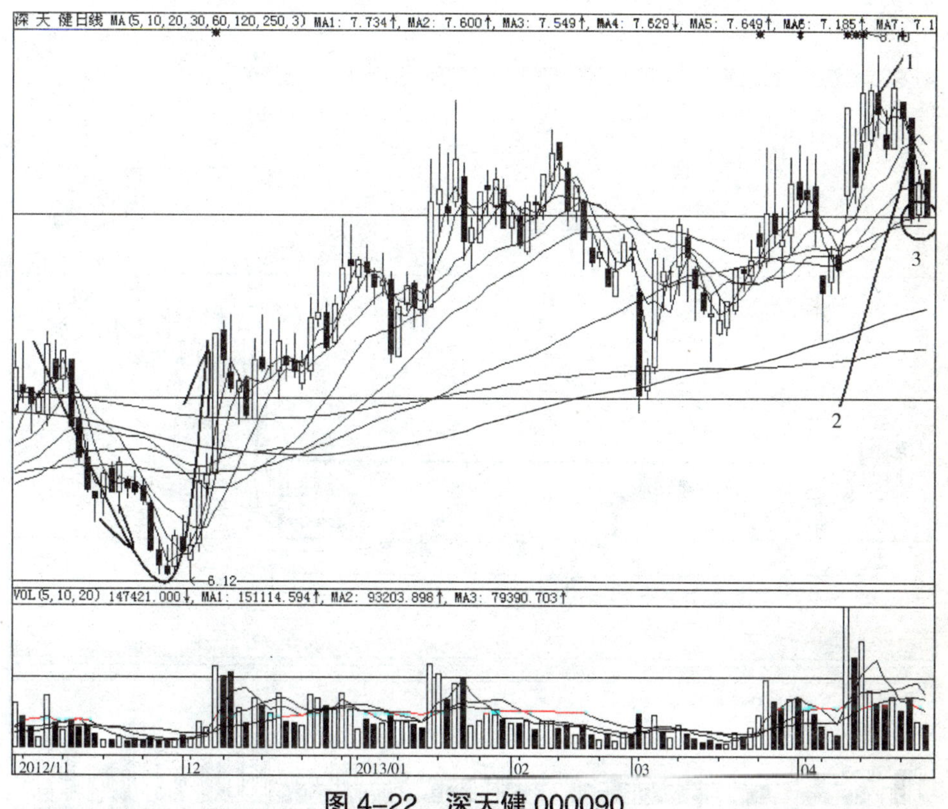

图 4–22　深天健 000090

当然，3 处这里是一个看点，面对三重均线支撑，有待进一步选择，是获得支撑，还是打破向下？只是，你需要着急猜和赌吗？看，就是了！

操作者要想提高操作效率，就像我们前面讲的提高拍照水平，不是咔嚓咔嚓咔嚓地猛按快门。交易、快门都只需要 1 分钟，而你要构思好交易和图像。

第六股：传化股份 002010

如图 4–23 传化股份所示，像 1、2、3、4、5 处就不能还指望班长这个“拐杖”了，需要你自己看，班长这里只讲6处和7处。

6处不破10日均线，7处破了10日均线，之前持股的如果5日均线持仓，6处这里就出去了。如果5日、10日均线分持，虽然6处这里没出去，但7处这里也出去了。怎么办？

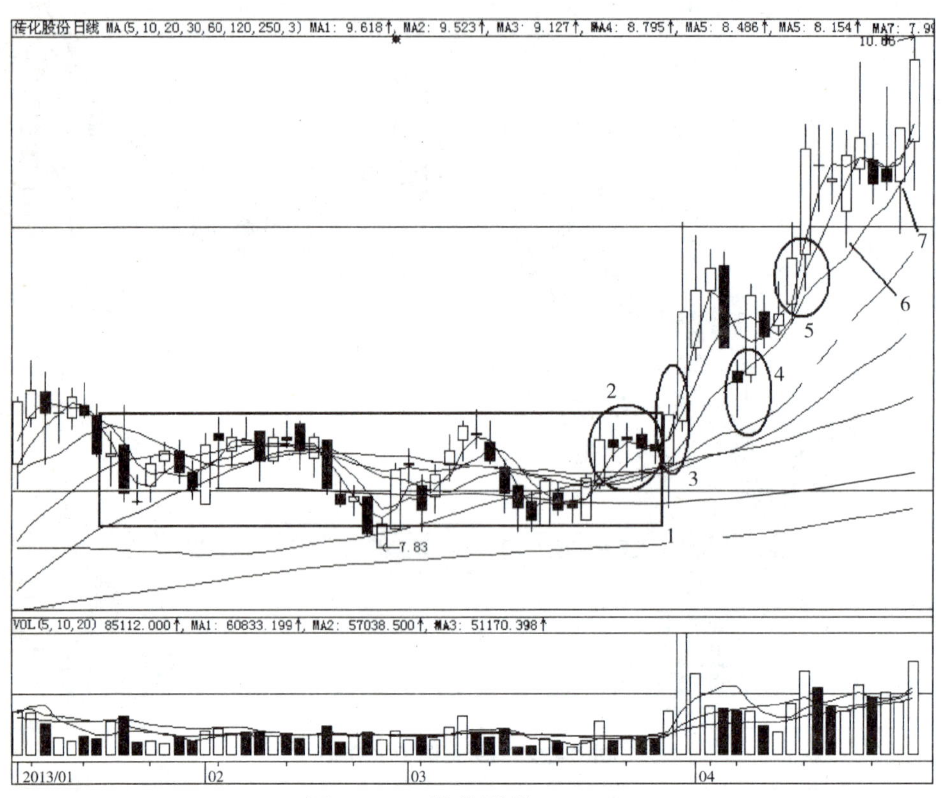

图4-23 传化股份002010

没有完美无缺的交易，谁也不可能把骨头上的肉吃得一丁点儿不剩，除非连骨头吃下去，而你操作的不是股权投资。

优秀的交易者为什么往往没有好的成绩？

原因就是去做那些很难做到的交易去了，而很容易就做到的交易却忽略了。你不要忘记了交易的本质是赚钱的游戏，不要变成了无关乎赚钱的交易。就像你是为了拍到好的风景而不是为了按快门。

跌穿了10日均线后又大涨，把握不到的就让随风而去，不行你就想想这是跌穿了10日均线涨了，如果你不卖出它没有涨呢？

不要总是追求难的，而忽略容易的、简单的。也不要总是强求自己揽下所有利润。多看看自己已经赚到的，交易有时候是技术活，而有时候是智者的游戏。

第七股：一汽轿车 000800

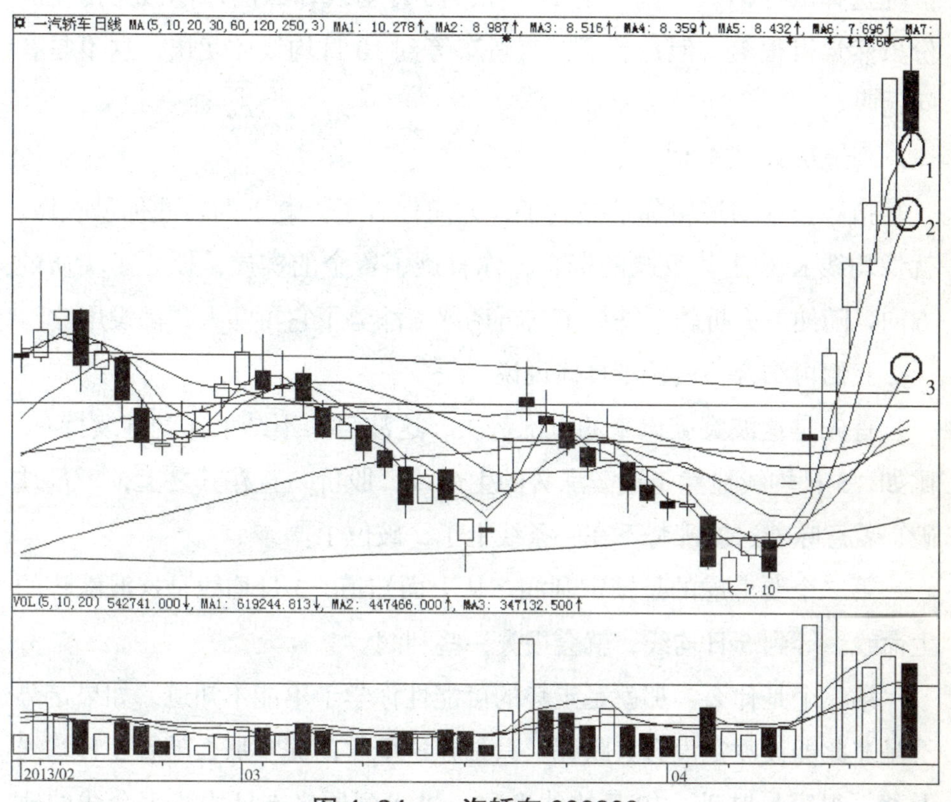

图 4–24　一汽轿车 000800

如图 4–24 一汽轿车所示，前面的传化股份看了，如果跌破 5 日均线就清仓，就错过了回踩不破 10 日均线的拉升。但是，扩大到跌破 10 日均线离场，就错过了跌破 10 日均线而不破 20 日均线后的拉升。但是，如果扩大到 20 日均线，20 日均线这里还是跌破就亏大了。这就需要复习前面的内容，带着“只是”去选择。

一汽轿车这里的1、2、3处的3日、5日、10日均线也是一样的。主升浪的力度不一，拉拉停停的和一汽轿车这样的一口气持续拉升的，均线自然不同。在传化股份里的10日均线卖出的话，看看在一汽轿车上10日均线卖出，也就是3处，成什么样了！

这就是班长为什么讲方向，然后把核心逻辑给你，自己去结合实际情况选择的原因。否则，定个5日、10日均线什么的，你做完传化股份虽然觉得很爽，但是到了一汽轿车等到10日均线才卖出，这不是有问题吗？

理统法，法统术。

指导技术的逻辑你掌握到了，方向你有了，剩下的随便你怎么做。就像均线K线走势反映的资金，你看透了资金的实质，抓住了实质的方向，随便怎么折腾。跌势了它再诱惑，涨势了它再吓人，都没用。

我们再结合一汽轿车具体说说。

首先是这波突破以来的上涨势头，这波势头不结束你就继续持有。比如，3日均线显然是这波涨势的生命线，股价一直在其之上，一旦跌破，就意味着这波涨势不在一条线上了，破位了。

第二个要考虑的是锁定利润。从上面知道，3日均线是这波涨势的生命线。等到5日均线，就会损失一些利润。

第三个是什么？那就是走势的可能性你学了不能不知道，如果走势不是非此即彼呢？没有大跌呢？只是在这里震荡呢？那么随着5日均线上移，很容易跌破。10日均线上移，进入到原来5日均线生命线的轨迹，所以你就该看10日均线了。

还是那句话，几日均线不是关键，关键是现实性走势，这是本质。而均线只是代表走势的一个符号或者指标，这是你在操作上必须依据均线，而在实质观察上又必须透过均线不忘实质。

第八股：华策影视 300133

如图 4–25 华策影视所示，A、B、C 处班长就不说了，看 1、2、3、4 处。

1 处再创新高突破之前盘整，2 处再度跌破 5 日均线，3 处收复 5 日均线但没有收复前面的阴线，更没有突破 1 处，4 处跌破 10 日均线。

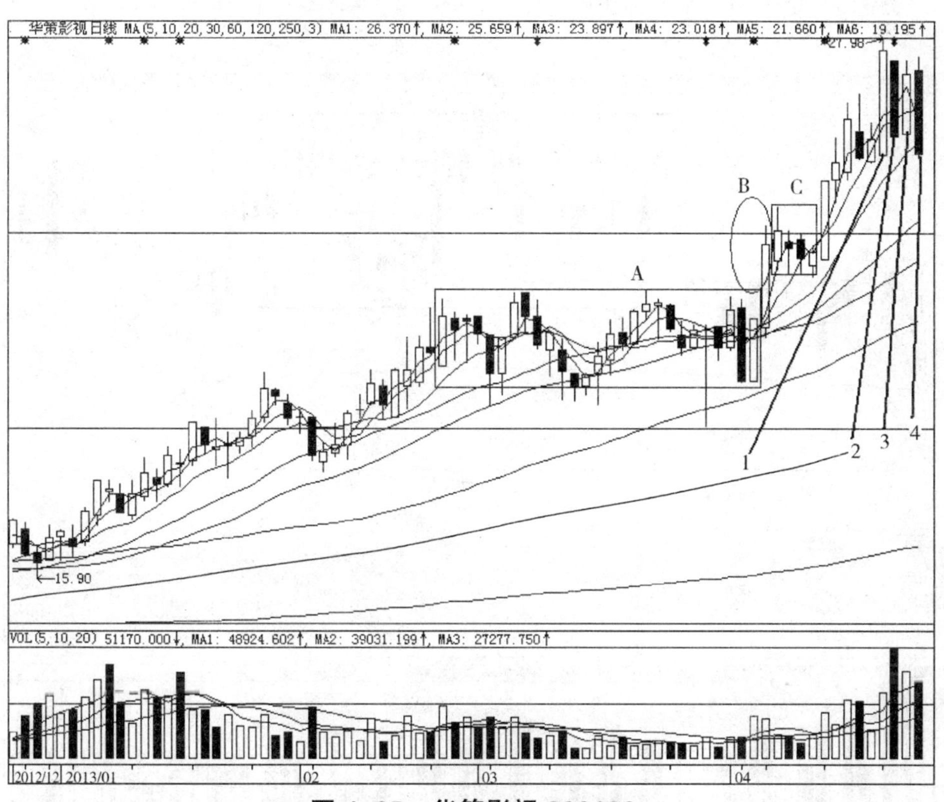

图 4–25　华策影视 300133

也许在 10 日均线这里震荡不大跌；也许跌，但跌到 20 日均线整理后还能再涨；也许……也许与已经，可能与现实，你该依据的是后者。你该知道的是跌破 5 日均线后又跌破了 10 日均线。

当然，任何一只牛股，都有快熊到慢熊、慢熊到慢牛、慢牛到快牛、猛牛的阶段，你有限的资金应该择良木而栖，应该尽可能地参与灿烂的盛花期。要想做到这点，就要把你心里想到的也许是低点、我要买，换成已经完成多头排列、新的涨势刚刚打开的现实走势中。

二、大盘和个股的关系

第九股：中小板指数

每天都有人预测走势，预测走势没有错，错就错在有人按预测交易，尤其是像图 4–26 中小板指数这样，处在盘整期而没有打破的。

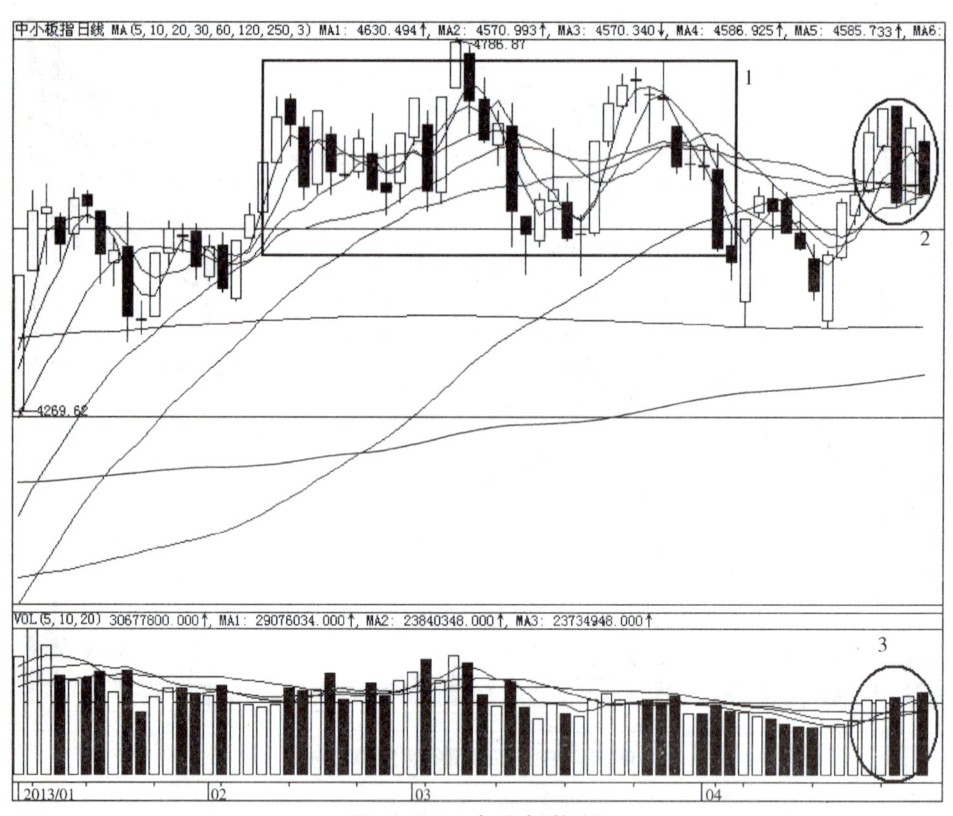

图 4–26　中小板指数

2 处密集均线能不能支撑住，配合 3 处的放量是为突破还是拉高跑路，这些都不去猜测，没有必要去猜测。

等待就有结果，机会是等待的，是等待别的资金折腾出来的。只是，你别去给别人折腾出来机会。

第十股：上证指数

如图 4–27 上证指数所示，A、B、C、D 处都是长阳。每次长阳有多少人都以为是反转？

你学了本书就要知道别抱那些没用的期望了。没有期望，没有失望，做一个轻描淡写的操作者。符合看就看，符合操作就操作，这样有何不好？

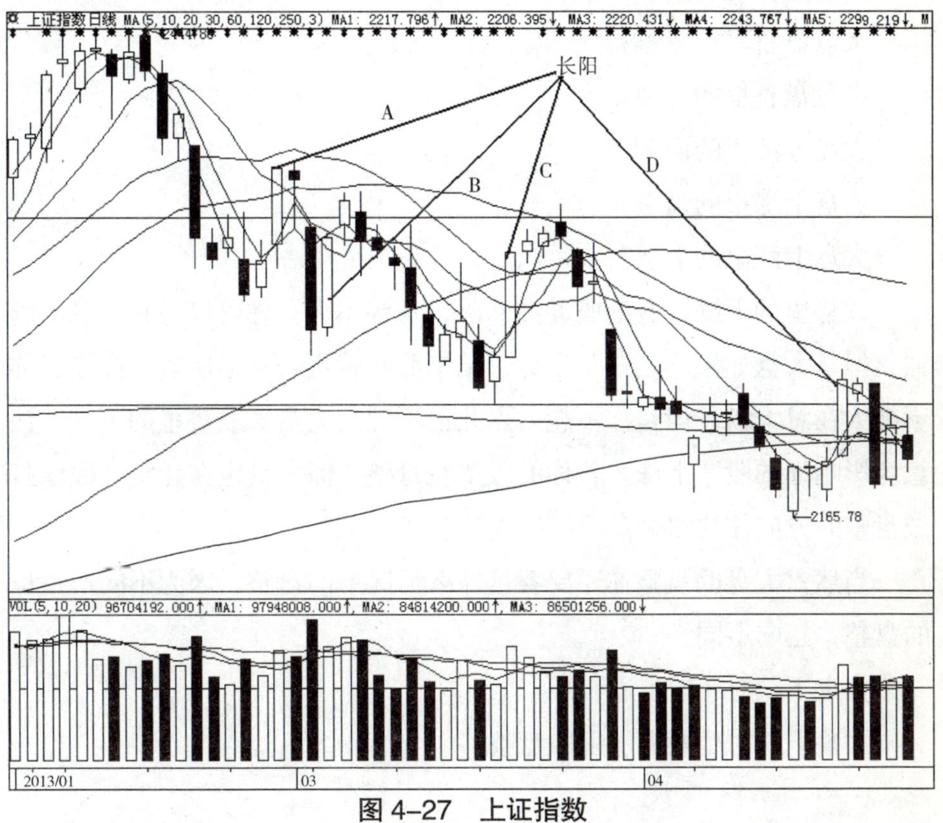

图 4–27 上证指数

当然，这是大盘指数，就像 6124 点以来大盘虽然一直在跌，但多少股创出了历史新高？又有多少股一再创出历史新高？ 6124 点到 1664 点后甚至涨 10 倍的都几百家了。当然，没有涨 10 倍后继续涨 11 倍的。

走势的必然性你知道了，就应该客观看待轮回。涨 10 倍跌了回去可以再涨 10 倍，别没事钻牛角尖或者以点概面地看待。

但是，大盘对个股的影响不是没有，什么时候大盘对走势的影响最大呢？首先要厘定大盘的多少种可能性走势。

大盘跌势里的下跌；

大盘跌势里的盘整；

大盘跌势里的反弹；

大盘盘整里的下探；

大盘盘整里的盘整；

大盘盘整里的反弹；

大盘上涨里的回调；

大盘上涨里的盘整；

大盘上涨里的上涨。

跌势里的下跌，有的股冲高回落，涨幅不大。你可以说它本身不够强，但是大盘如果不是这个走势，结果势必就不一样。所以，操作，你不能太在意大盘，但是你不能一点儿也不理会大盘。跌势里的下跌，注意会影响你的股票上涨。若你的股票在盘整，而大盘也在盘整，股票打破盘整的方向往往跟大盘的打破盘整有密切关系。

当然，大盘的盘整你还要看是什么情况下的盘整，因为不同市道里的盘整，趋向不同。

大盘下跌对个股上涨；

大盘下跌对个股上涨里的盘整。

……

一共多少你都列出来，然后面临的可能性趋向你有个了解。

什么你可以考虑，什么可以不考虑，什么你必须在乎。

这是留给操作者的功课。

第五章

立于不败之地
先胜而后求战

- 立于不败之地，不败之地就是走势
- 走势有涨有跌，要做的就是做确定性涨势从开始到现在讲了什么？你到底学到了什么？之后又会把重点放在哪方面？复习时会不会侧重去抓重点？这是我们最后一章的意义。

我们通过外高桥 600648 这只股票的走势一起回忆班长到底讲了什么？你到底学到了什么？没有学到的，或者没有抓到核心的，再或者迷失在某个局部忽略我们大核心的，也好日后有目的地去侧重复习。

第一章，走势的“四性”：现实性、可能性、必然性、偶然性，多少操作者看了都头大，然而当我们了解了每一步走势都具备“四性”时，在后面看待走势时，才避免了偏激，什么必涨、什么必跌、什么永远不会涨、什么永远不会跌，这些死多、死空的逻辑从你思维里彻底斩除。

第二章，厘清了走势的各种特征，厘定了走势的各种结构，我们才能更有效率地看走势，选目标，操作。

外高桥 600648

如图 5–1 外高桥所示，从跌势到扭转、步入涨势，用了多长时间？从 2011 年跌到 2012 年，一年的时间，说长不长，说短也不短。

从 17 元到 6 元，是多少人的噩梦！如果你无论刮风下雨，还是跌跌不休，都默默地持有，在这段说长不长的时间里就是煎熬。如果你是默默等待，等待一个可以让你参与的转机，那这说短不短的时间也值得等待。

2000 多只股票，任你选择、任你操作，没有人让你跌势里持有，没有人让你一定抢反弹，但是为什么你总在跌势里持有？为什么你总在跌势的反弹里刀口舔血，落个遍体鳞伤？所谓无知者无畏，是也！

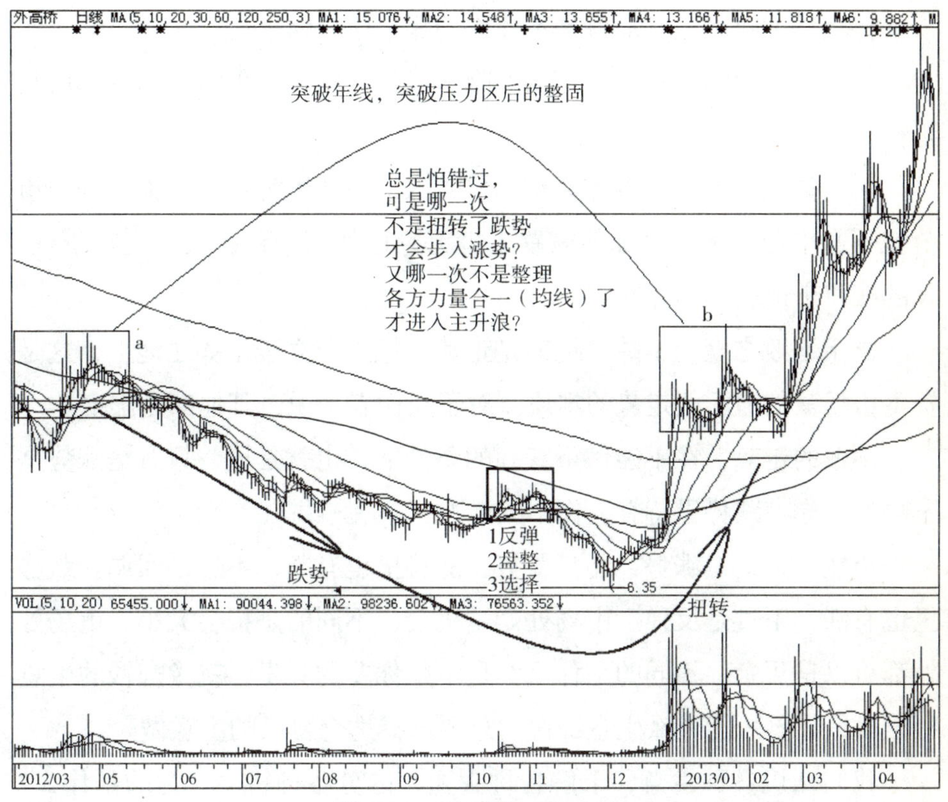

图 5-1　外高桥 600648

太多操作者自以为的勇敢，其实就是对走势的无明、对自己的无明。但若你只跟他谈这个，他肯定不服、无法接受，必须让他看到跌势没有扭转就买进的后果，必须让他看清楚跌势里多少次上涨是反弹，有几次是反转。如此，他才能眼见为实，信以为真。

这样，他还未必能够长记性，所以，必须是吃了亏，交给市场高额的学费以后，再来听班长讲这些，才能有深刻的领悟。也只有这样，他才能大彻大悟，才能恍然大悟明白自己亏钱亏在了哪里。不是亏在了股票下跌，股票下跌跟你有什么关系？而是亏在了你自己，亏在了你跌势里持有。

要想不亏得一塌糊涂，你就得让自己立于不败之地。

什么是不败之地？那就是不让你的账户市值缩水。

什么会让你的账户市值缩水？唯一能让你账户市值直接缩水的就是走势！

无论你如何看涨，也无论谁如何喊涨，只要走势不涨，你的账户市值就不会增值；无论谁如何喊跌，也无论你如何怕跌，只要走势不跌，你的账户市值就不会缩水。

立于不败之地，不败之地就是走势。把不败立于走势之地上，这是资本市场梦幻泡影般走势的本质。对于操作者来说，其他都是虚妄。

不败的走势，在不能做空获利的条件下，也就是说，只有是涨势是不败的。你在跌势里持有，你不败谁败？

当然，无论是涨势，还是跌势，涨势里也有跌，不过是回调。跌势里也有涨，不过是反弹。市场处处是机会，不同的是机会大小。市场处处都可以是买卖，不同的是什么？是不是你要的买卖，就像赚钱的生意有很多，你不可能什么生意都做，总要选择适合自己的生意做。

我们认识各种生意，了解各种买卖，区分各种机会，为的是什么？我们是小本买卖，我们资金有限，我们不能什么都做。

是的，我们不能什么都做，但是你多少次忘记了这一点，或者你在交易时有几次记得这一点？实际上是你什么都想做。

走势有涨有跌，机会有大有小。而资金有限的你，要做的就是做确定性涨势，机会最大的。

如何确定？不需要你猜测，不需要你判断，你只需要等，你只需要看。只要别把看到的跌势，因为心中所想，想象成了涨势；也别把看到的涨势，因为心中所惧，想象成了跌势。涨就是涨，跌就是跌。

那么，回到外高桥的图中，股价在均线之下，空头排列，一路下来。在一路下来的过程中，你急什么？你总是怕错过，可是，哪一次、哪一股不是扭转了跌势才会步入涨势？又哪一次不是整理顺畅，均线聚拢各方力量整齐合一了，才会进入主升浪？所以，急的不是走势，是你心里的无明。

如果你把本书中讲的，复习个三五十遍，把讲到的消化吸收到你的知识里，就不会再急，因为你知道自己急跟走势没有一点儿关系。走势该怎样还是怎样，并且你知道按照自己急而操作的后果。

有些事我们总是在做、总是在错，原因不是不知错在了哪里，就是不知做错的后果，这两点我们都厘清了，并且讲清楚了错在了哪里，以及做错的后果，还有如何纠正既有的错误，如果你再错，只能说你对不起班长的苦口婆心。

当然，跌势里不只有反弹，还有反弹后的盘整。盘整未必就会扭转跌势，盘整你可以做，但你要知道它不是最好的交易目标。你完全可以做其他确定性更高的目标。

看图，跌势到扭转，有反弹，有盘整，只是打破盘整的选择是向下。当然，盘整里参与，这里如果选择向上了你就爽了。但这是跌势里的盘整，相对爽你还应该知道跌起来更爽。

市场的机会无处不在，就像社会上各种生意。你为什么不什么生意都做？你会怎么回答？然后，用这种回答的逻辑去问答你自己，为什么各种机会你都要把握？

b处这里在后来观察中可以发现是一个大整理，整理的是什么？是突破年线后的大整固。而均线反映的是什么？是交易堆积的a处。给我们的启示是什么？为什么要买盘整后突破的，盘整与突破反映的是什么？不就是整合各方力量，最终合力统一且是向上的吗？

a处是前期的一个大的下跌中继，b处这里分水岭，突破年线整理后，走势才加速。回头看看从扭转到b处的高点是多少幅度，再看看b处之后的幅度是多大。这就像之前讲到的东方财富，走势越走越强劲，主升浪越来越大，必定是合力越来越统一，而反映合力越来越统一的是筹码均价越来越聚集。

看b处之后的每一次回调特征是什么？就是短期涨幅较大，短期均线和中期均线的偏离。合力不强，经过回调，合力再度聚拢，再度展开新一轮升势。当然，没有基础的理解走势反映的内容有点儿吃力，可以先看看班长四季战法的《春季战法——见龙在田》或者《夏季战法——飞龙在天》。不学习也不影响，不看走势反映就是，只是看符合不符合操作逻辑。

这是本书最后一次完整的梳理走势了。看图 5–2。

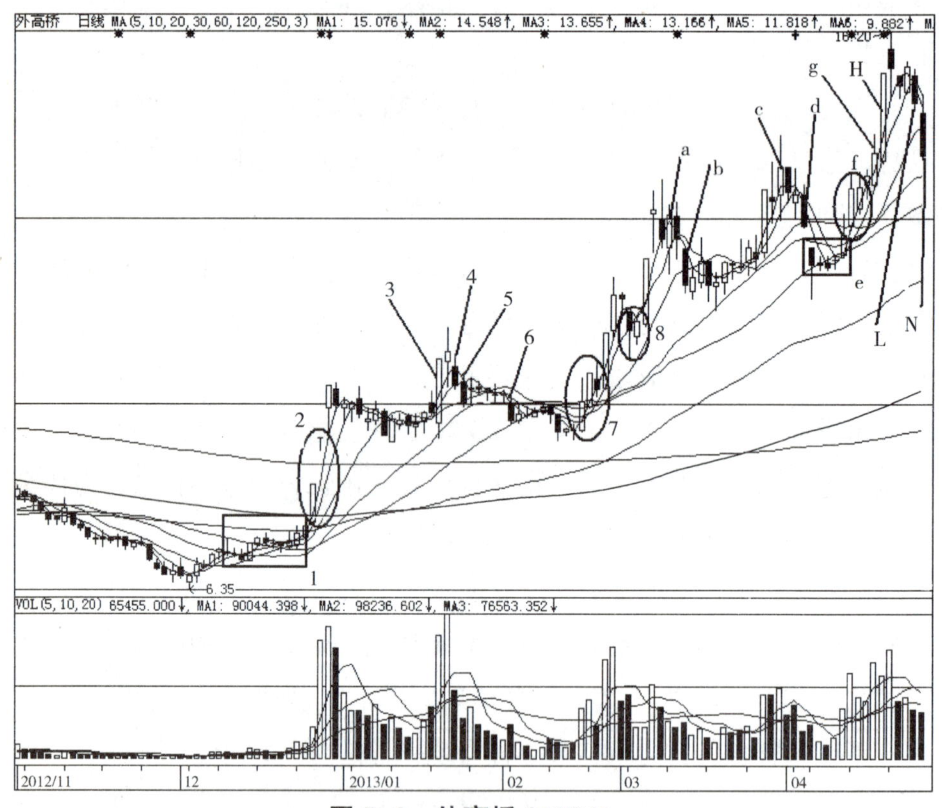

图 5–2 外高桥 600648

如图 5–2 外高桥所示，1 处之前的走势班长就不说了，因为跌势根本不配你看，更不用说操作了。

1 处是盘整，盘整可以有三种走势，但是盘整也同样具有必然性，那么必然打破盘整，向上突破和向下跌破。向下跌破，意味着什么你知道；向上突破，意味着什么你也知道。

2处突破，涨势确立。方向有了，不败之地有了，你可以随时追进。当然，你可以等回调，“只是”你别忘了。不回调了呢？当然，这是没有回调的涨。如果是有回调的呢？你还要想到回调，这就是买时一定要有的“只是”。

2处你没追也没等到回调，直到后面的盘整。无论你是5日、10日均线低吸后跌破，止损，在3处再次突破后买进，还是在依据涨势方向没有改变的情况下低吸到20日均线。

各种方法都没问题，各种方法都有其利弊，在这只股上看的这种方法好，到那种走势上这种方法就未必有那种方法结果好。这是为什么班长反复强调方法都没问题，只要核心不变，核心就是没有违背走势的方向。

当然，在3处买进后如果5日、10日均线出场，利润未必可观。在回调5日、10日均线买进，跌破20日均线后止损，甚至还要小幅亏损。这都没问题，起码你是在不败之地的操作，不能保证你每次出手都大有斩获，但能保证你执行下去必有大大的斩获，必不会有大大的亏损。

7处再度突破，2处打开涨势后的站上聚拢均线，合力合也，跟进。

没有跟进，8处突破后的回调跟进也不迟。

长阳出现在哪里？为什么不是7处之后，为什么是8处之后？7处只是均线合拢，8处之后是因为8处之前又拿下来前高。没看清楚？事实上，7处那里突破回调后也有涨停，只是涨停不及8处之后的涨停来的迅速，区别还是合力情况。

后面无论是a处的5日均线卖出，还是a处的5日均线+b处的10日均线分仓卖出，还是5日、10日、20日均线分三仓，这些都无所谓，因为在你选择。只是你选择时别只想好事，顾此失彼了。要知道走势未必向着你最好的方向走，你要照顾到万一没有向最好的走了。比如，你想要是5日、10日均线不卖，只看20日均线，这里不跌破20日均线，那就享受到后面的主升浪了。但是，如果5日、10日均线没有卖，这里20日均线也跌破了呢？这就是要照顾全面，想好事时要有的“只是”思维。

c处破5日均线，d处破10日均线再度走人，入场未必让你有所斩获，但也不会让你有大的损失。在不会有大的损失的情况下，意味着你可以抓到一条大鱼。

f处打破e处盘整，g处突破前高后再度出现H处长阳。你怕跌，但走势已经走出来了，打破盘整的f处你不买，突破的g处你不买，那H处的涨停就跟你无关。就像后面的破5日均线、破10日均线了你不卖，那下跌就跟你有关。

回过头来看一遍，3处未必让你大赚，也没有让你有多大亏损，但是坚持方法，在下一次的7处、8处中斩获了；c处前的突破未必让你有好的收益，也不会有大的损失，但是坚持方法，在后面的f处、g处再有斩获。这是什么？这就是先图立于不败之地，再求进取。

梳理完走势，我们再总结一下本书内容。

总共五章，核心不过就是：在“顺势而为”核心原则上，“优化操作目标”和“理顺买卖逻辑”，进而达到“提高操作效率”的终极目的！

但是，如何实现这些，不是班长这样一说你就能做到的。

首先要有操作者自己，操作者自己是谁？操作者究竟想做些什么？操作者都能做些什么？操作者要做些什么？这些不是可以闭门造车的，是要通过客观认识来达到的。所以，你需要了解走势。

首先，你了解走势的“四性”，以便在看待任何走势时，能有立体的眼光、客观的角度、辩证的思维。

其次，在走势的“四性”基础上，我们厘清了跌势、涨势、盘整势的结构特征。那么，你看清了每一类走势的结构特征：跌者续跌、涨者续涨、盘整者等待方向。

有方向了你才知道要不要操作，你就知道面对涨的、跌的、盘整的分别要做怎样的应对。你也知道你是要跌的、要涨的，还是要盘整的了。跌的总是在跌，你知道等到它跌完；盘整总是在盘整，你知道等它盘整出方向。

那么，走势的特性你知道了，还要不要半路下手？比如，你想抄底，可你认识到了底只有一次。那么，下跌势里的反弹，你还要不要？虽然下跌的反弹或盘整也有可能向上，你还抄不抄？

你能做盘整，能做反弹，可你认识到了什么是事倍功半的鸡肋，这也就进而明确了作为操作者你要做什么。

这时，你对操作有前所未有的明确：看盘整的，做涨势确立的。也就有了真正的你，知道自己是谁，走势是谁。

那么，方向、目标有了，剩下的就是怎么对目标下手了。

有人进行归类：顺势而为、右侧交易，对于名词的东西，无论是顺势而为，还是右侧交易，抑或是其他，都要抓住它们的本质。顺势而为、右侧交易的本质，是建立在已成现实性走势上，是在确定性的方向上。

方向是在猎杀目标于不败之地的第一步。如果你确定了目标，结果一出手方向就错了，你再能跑也不过是相背而弛、南辕北辙。

最后，猎杀目标还要天时地利人和，选好的目标走势是地利，清楚明白的操作者是人和，剩下的还要天时，注意结合天气。

天气是顺风的话，助你的股票涨。有时候是侧风，有点儿影响（不利的或利好的），但对你的股票不会有根本性的影响。但是，逆风时你就不能不注意了。

什么是顺风呢？比如，盘整的股票，大盘突破了，就会助你股票突破。

什么是逆风呢？比如，你的目标股突破了，而大盘向下突破了，就会拖累你。

什么是有点儿影响，但不至于改变你的方向呢？比如，你的个股在拉升，大盘在震荡。

这些各种情况，你没事坐在那里多假设一下，多比如一下，想想互相影响和利弊，对你结合天时会大有帮助，如果你从来都不想，又何时会看天行事呢？

这就像看看各种走势，你才知道操作哪一段。看看大盘与走势的影响度，才知道什么天气有助于你，什么天气影响不大，什么天气绝对不能出门。

最后，提升操作者交易素养，班长讲的不是一招半式，你学的也不是一招半式，而是通过一招半式领会操作的精髓。买点没有那么难，难就难在你总想把握一个点，而班长要告诉你的是什么？是一个方向和一种逻辑。

逻辑是什么？不是你逆势逞强，更不是不走寻常路。就是买正常股票，赚正常利润，做正常人！

这就是操作者的最根本的素养，先做好一个正常人，再想着做股神般的交易。这也是另一种立于不败之地。别正常人都没做好，就去做股神般的交易，结果就变成了……

不是所有利润你都要得到，不是所有方法你都要会。目标有很多种，选择适合自己的；方法有很多种，选择适合自己的。只要方向没错，你用逻辑指导操作，赚钱是一种必然。随着你在对的方向和对的逻辑指导下操作，你的灵活作战能力会越来越强。

让跌的跌死，让盘整的盘整，你就吃现成的。谁让人家是主力，咱是小散呢？你是小散，你就有挑肥拣瘦的优势。操作股票，如是而已，如此而已。

最后一章的意义是什么？就是——全书到底讲了什么？操作者到底学到了什么？运用中又会把重点放在哪方面？复习内容时会不会侧重去

抓重点？先让自己立于不败之地，先让自己的操作立于不败之地吧！

买正常股票，赚正常利润，做正常人！这是不败之地。做好正常股票，赚好正常利润了，再图那些抄底、逃顶的。

五章内容完！

班长答问——

1问：明白了很多道理。

答：希望是在班长带着走势中领悟到的，然后从领悟中明白了如何做好操作。

2问：理解了什么是顺势而为。

答：这个很重要。不是听班长说顺势而为，而是班长没有说顺势而为，却通过本书恍然领会到顺势而为，这样才能为你所用。不是听起来的简单，而是要理解到简单。

3问：才明白为啥老是亏。

答：这就行。先不亏，再图赚。

4问：如何判断反弹与反转？看K线与均线的关系，上半年线？年线？

答：站上所有均线是大涨势的确立，但不意味着反转非得到半年线，结束之前的跌势就是反转，具体看个股之前的跌势。

5问：在T+1下，应做什么级别的走势才适合、才高效，30分钟？日线？这种方法只更适合短线？

答：日线为介入点，级别因走势而定，如果走势一直走好，你没有理由因为短线而离场；如果走势走坏了，你也不能因为你做长就继续持有。把操作建立在走势这块不败之地上。

6问：如何快速选股？是不是要一个个去翻？

答：选股那就选完全多头排列，那是最基本最完整的上升趋势的股票，然后再从中优化，比如均线聚拢合力较好的，比如选择盘整的等待突破杀人。

7问：现在能真正理解“走势”含义啦，所有走势都是有“四性”的，现在操作时就会多问一下可能性的三种走势。

答：最后一章的意义看看。前几章多是从技术角度出发，这次是从思维逻辑角度出发。想从技术角度完整补习的，可以学习班长的其他书。技术和思维呼应更好。最后一章的意义所在，留的四个问题要解决了，不然容易迷失在某个地方。

8问：600126在4月24号确立了涨势，可以买进呢？

答：走势上都符合，但结合“天时”，都要回避。

9问：000523近两日走势是突破前高后涨势里的回调，还是下跌破位？是趁回调买进好，还是分段卖出好呢？

答：有交易的地方就有人买进和卖出，能说买进或卖出的是对的或者错的吗？关键看交易者怎么定位的。所以说，趁回调买进好，还是分段卖出好，这根本不在一个问题层面。

如果持股，哪里进去的？是不是按本书的买点进去的？如果是，就按进去时按买进标准执行，那么卖出继续按标准执行；如果是空仓，那就看走势是不是符合进去的条件，符合就进，不符合就看，进去了符合持股就持股，符合止损离场就离场。

结束语一

怎么拥有操作的好心态

心态是什么？

不是见跌了，你不理会跌的死撑；

更不是涨势里，你说着知足常乐、见好就收，不理会涨势依旧的走势而卖出。

心态不是凭空就能淡定的，是要有心理依据的。

就像打仗，如果不能知己知彼，什么情况都不了解，敌人兵临城下了你还淡定？

操作股票，不是唱空城计的，不是佯装一下就可以蒙混过关，靠侥幸运气，不是盈利之法。

心态是要建立在操作认识上的，而操作认识是建立在走势和技术上的。

走势是什么？

走势不是某一方能决定的，是多空资金合力的结果；

合力不是一成不变的，是不断阴阳交替、多空轮回的；

走势永远是合理的，走势永远是对的；

所有猜测、所有假设、所有觉得、所有你以为都不能决定走势，更不能决定盈亏；

决定盈亏的只有走势，走势涨就盈利，走势跌就亏损。

操作方法是什么？

操作方法，不是凭空设想的，更不是你想买就买、说卖就卖的；

是要建立在走势上的，只有如此，你的技术才有效；

也只有如此，你的原则、操作结果才有效。

走势、基本面重要，还是操作方法、心态重要？

走势好你不一定就是赚的，基本面好你不一定就能获利；

再好的宝剑，只有用对了地方才能体现其价值，再废的铁，用对了地方就是好武器。

所以，操作原则、技术方法是关键。

走势永远是对的。

操作原则、技术方法是建立在走势上的，

唯有如此，才能保证好的心态，

三者缺一不可，只有三者相互依存才是客观的、有效的。

否则，用错误的角度看待走势或者用错误的方法操作，

却要求心态能稳住怎么可能？

结束语二

你凭什么在市场赚钱？

这两年班长很少谈投资心态方面的事情了，原因是因为“我不是你，你也不是我”，对于同样的道理，彼此经历、积淀、领悟程度各不相同。对于理论，对于心法，看了不代表懂，懂了不等于领悟，领悟了不意味着不能有更深的领悟。就如同你看到了海，你说这就是浩瀚的大海，其实，在班长看来那只是浩瀚大海的一小部分。

炒股，没有捷径可走，可以把希望寄予政策、贵人、运气、绝技，但是更关键的是不能少了自己。政策、贵人、运气、绝技这些都是 0，而你是 1，再多的 0，没有 1，都是 0。再好的宝剑，在不合适的操作者手里都是废铁；再牛的操作者，如果只是杀鸡，又焉用牛刀？明明只是短线投机，你又谈什么价值投资？明明是价值角度投资，你又何必在意起伏波动？

是的，大多数同学都太急功近利，来了就想获利，却不知道玫瑰吐露芬芳，需要历经四季，绽放需要时间；而获利需要一个过程。

是的，有太多同学只知道自己亏损，却从来没想过输在哪里？只知道希望这期望那，却从来不知道即使馅饼掉到跟前了，也得需要自己去弯腰捡起。

是时候停下脚步，短暂小憩，想想为什么自己会买垃圾股，为什么会寄望于运气或政策？你不能改变的又是什么？你能改变的又是什么？

事实上，不仅仅是炒股，在人生道路上要想获得任何一种成就，无论是想获得世俗意义上的成功，还是实现自己所怀揣的梦想，都必须具备目标、方法、实践这三个要素。没有目标就没有意义，方法不正确就意味着没有效率，而不实践就等于是空想。三者缺其一都会让人生的三角形失去一边，从而无法支撑起成功。

影响这三个要素的，不是管理层，也不是政策，更不是运气或秘籍，而是你自身。

如何让你在走势中实现操作者与自己的对话；如何让你从交易中找到方法，在交易中做回你自己；如何让你在实践中得到综合提升，取决于你用什么态度来对待这本《全面提升操作者交易素养》！

后　记

投资者要深挖自己这口井

你总是在操作，总是在亏损，总是在向前看，学习各种方法，尝试各种技巧。其实，你最大的问题不是操作次数少，也不是学习不够多，而是从没有回过头来看看自己的脚印，究竟错踩在了哪里。

市场从不缺机会，市场也从不少风险，究竟是风险大于机会，还是机会大于风险，都是相对而言的，相对什么而言，这是操作者没事得想想的，而不是随便听谁一说就点头。

市场没有绝对的安全，也没有绝对的风险，风险不可怕，可怕的在于操作者面对风险不能自控；安全也没有绝对，绝对的安全来自于操作者面对风险时的自保能力。

想要有吃不完的水，买再大的桶都不如深挖自己这口井，挖好自己这口井才是最靠谱儿的，是时候好好想想如何深挖这口井了。